예수,
신의 아들이 되다

탐 철학 소설 39

예수, 신의 아들이 되다

초판 1쇄	2020년 04월 27일
초판 2쇄	2022년 09월 15일

지은이	김경윤

책임 편집	김하늘
마케팅	강백산, 강지연
디자인	이정화
표지 일러스트	박근용

펴낸이	이재일
펴낸곳	토토북

주소 04034 서울시 마포구 양화로11길 18 3층 (서교동, 원오빌딩)
전화 02-332-6255 | 팩스 02-332-6286
홈페이지 www.totobook.com | 전자우편 totobooks@hanmail.net
출판등록 2002년 5월 30일 제10-2394호
ISBN 978-89-6496-420-0 44100
ISBN 978-89-6496-136-0 44100 (세트)

● 이 책의 사용 연령은 14세 이상입니다.
● 탐은 토토북의 청소년 출판 전문 브랜드입니다.

예수,
신의 아들이 되다

김경윤
지음

39

탐
철학
소설

탐

차례

1.

기원전 1세기 로마 식민지인 이스라엘의 북부 농촌 지역에서 가난한 목
수의 아들로 태어나 세상을 바꾸고자 했던 한 청년이 있었습니다. 그는
가난하고 소외된 사람들 속에서 살았기에 그들의 처지를 누구보다 깊
이 이해했습니다. 병들었다고 손가락질당하고, 무식하다고 무시당하
고, 가난하다고 외면당하는 현실에서 벗어나고 싶었습니다. 가난과 질
병은 죄가 아니고 그로 인해 고통받는 것은 부당하다고 생각했습니다.
병든 사람은 고쳐지고, 가난한 사람도 배부르게 되고, 무식한 사람도 행
복하게 살 수 있는 세상을 꿈꿨습니다. 개인의 성공이나 행복 추구가
아니라 모든 사람이 자유롭고 행복해지는 세상을 원했습니다.

　　인간이라면 누구나 자신의 처지와 관계없이 사랑받아 마땅한 존재
이며, 가장 존귀한 존재라고 생각했습니다. 그 청년의 하느님은 인간을
벌주는 엄격한 신이 아니라 아무리 잘못해도 용서해 주고 품에 안아 주
는 자상한 신이어야 한다고 믿었습니다. 권력이 있는 자에게 굴종하거

나 부유한 자에게 굽신대는 세상이 아니라, 병들고 가난하고 무식하지만 서로 돕고 사랑하면 자유롭고 평등한 세상이 올 거라 확신했습니다.

2.

서로 돕고 의지하며 잔치하듯이 사는 세상을 그 청년은 '하느님 나라'라고 말했습니다. 하느님 나라는 먼 미래나 죽은 이후에 경험할 수 있는 나라가 아니라, 현실 속에서 매일매일 경험하는 나라여야 한다고 생각했습니다. 그러려면 서로 돕고, 용서하고, 사랑하며, 섬기는 삶을 살아야 했습니다. 그는 그러한 아름다운 생각을 주변에 알리기 시작했고, 따르는 사람들이 점점 모여들었습니다. 그들은 가난했지만 서로 나눴고, 무식했지만 당당했습니다. 그가 이끄는 사랑과 나눔의 잔치 공동체는 점점 영향력을 키워 갔습니다.

사람들이 점점 그 청년을 따르자, 권력자는 권력을 잃을까 봐 걱정했고, 지식인들은 자신의 지식이 소용없어지는 것을 염려했습니다. 그를 따르는 사람들은 칼을 들지 않았지만, 점점 더 강력해졌습니다. 그들의 무기는 무력이 아니라 사랑이었습니다. 함께 나누고 보살피는 사랑의 힘을 그들은 믿었습니다. 권력자들과 지식인들은 그 청년을 위험한 존재라고 생각했습니다. 그를 없애지 않으면 사회가 더욱 위험해질 것이라고, 자신들이 세워 놓은 질서가 무너진다고 생각했습니다.

당대에 가장 강력했던 로마 권력과 협력하여 자신의 권력을 유지했던 이스라엘의 정치 종교 권력자들은 한마음 한뜻으로 그 청년을 죽이기로 결정합니다. 그리하여 당시의 가장 강력한 형벌인 십자가형을 내렸습니다. 그렇게 그는 30대 중반의 나이에 비참하게 생을 마감합니다. 그 청년의 이름이 바로 예수입니다.

3.

하지만 청년이 이끌었던 역사는 거기서 끝나지 않았습니다. 어떤 사람은 살아도 죽은 것과 같지만, 반대로 죽어도 살아 있는 것과 같은 사람이 있습니다. 모든 위대한 삶이 그러하듯 어떤 사람은 죽은 후에 더욱 더 큰 영향력을 행사하며, 위대함을 널리 떨치기도 합니다. 예수가 바로 그러한 사람이었습니다.

처음에는 뿔뿔이 흩어졌던 제자들은 다시 모여 예수가 가르친 사랑과 나눔의 삶을 이어 갔습니다. 탄압이 거세게 몰아쳐도 굴하지 않고 더욱 사랑과 나눔의 공동체를 넓혀 갔습니다. 시작은 미약했지만, 그 끝은 창대했습니다. 예수를 따르던 사람들은 기독교를 창시하고 세상으로 퍼져 나갔습니다. 기독교는 이제 전 세계적인 종교가 되었습니다.

4.

이 소설은 예수가 십자가형을 받고 죽기 전 일주일 동안 벌어진 일들을 다루고 있습니다. 예수의 생애를 다룬 복음서 중 가장 먼저 쓰인 《마가복음》을 기초로 하여 사건의 흐름을 잡았습니다. 하지만 이 소설은 특이한 점이 있습니다. 중심 화자를 예수의 남성 열두 제자로 잡지 않고 예수의 유일한 여성 제자인 마리아로 잡았습니다. 예수를 따르던 제자들 중 마리아는 가장 헌신적인 제자였습니다. 그리고 예수의 죽음을 처음부터 끝까지 목격한 유일한 제자이기도 합니다. 예수가 사흘 만에 부활했을 때 그 부활의 현장에 가장 먼저 있었던 제자도 마리아입니다.

그런데도 남성 중심적인 당대의 전통 때문에 마리아의 존재는 아주 미약하게 다루어지거나 부정적으로 다루어졌습니다. 소설에서는 이러한 한계를 넘고 싶었습니다. 마리아의 온전한 위치를 찾아 주고 싶었습니다. 남녀평등이 보편적 가치가 된 오늘날에 맞는 이야기가 필요하다고 생각했습니다. 이 소설은 마리아의 관점에서 본 예수의 이야기입니다.

5.
탐 철학 소설 시리즈는 소크라테스, 공자, 부처를 다룬 책을 이미 출간했습니다. 이제 이 책을 마지막으로 4대 성인과 관련된 책이 완간된 셈입니다. 참으로 영광된 순간입니다. 아울러 이 소설이 나오는 시기가 공교롭게도 예수의 고난과 부활을 기억하는 절기입니다. 기독교에서는 이 절기를 수난절과 부활절이라 부릅니다. 비단 예수의 삶뿐만 아니라 우리네 삶 역시 매우 어렵고 힘든 시기를 통과하고 있습니다. 배움과 노동과 삶의 현장에서 힘든 분들이 이 책을 읽었으면 좋겠습니다. 기독교인이 아니어도 충분히 예수의 생애에 공감하리라 기대해 봅니다.

마지막으로 저에게 처음 기독교를 알게 해 준 어머니와 지금도 사랑과 나눔의 공동체가 얼마나 아름다운가를 매번 느끼게 해 주는 동료들에게 이 소박한 책을 내밉니다. 항상 감사하며 살겠습니다.

2020년 수난과 부활의 시기에
김경윤

성을 부숴
길을 내고
씨를 뿌려
열매 걷네

땀 흘리기
좋은 날
사랑하기
좋은 날

물처럼
흐르리
낮은 곳으로
겸손하게

바람처럼
흐르리
막힌 곳으로
자유롭게

그대를
사랑하리
살아서
죽을 때까지

죽어서
살 때까지
사랑하리
모든 그대를

예수 시대의 이스라엘 영토와 분봉 지역

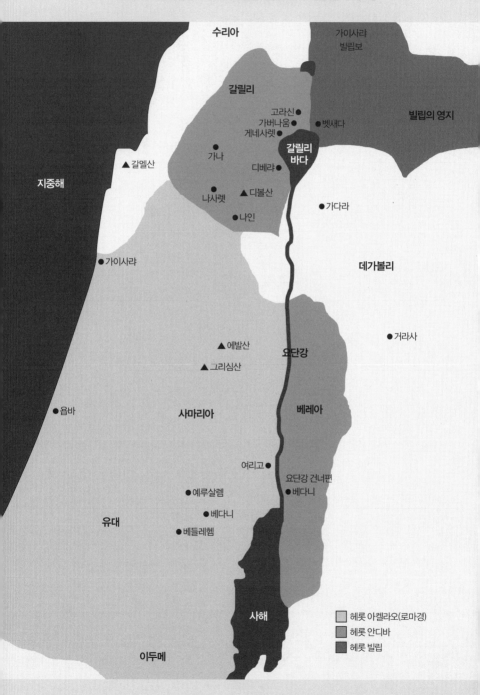

수리아

갈릴리

가이사랴
빌립보

빌립의 영지

고라신
가버나움
게네사렛
벳새다

가나

갈릴리
바다

▲ 갈멜산

지중해

디베랴

나사렛

▲ 디볼산

가다라

나인

가이사랴

데가볼리

▲ 에발산

거라사

▲ 그리심산

요단강

욥바

사마리아

베레아

여리고

요단강 건너편
베다니

예루살렘

베다니

유대

베들레헴

사해

이두메

헤롯 아켈라오(로마경)
헤롯 안디바
헤롯 빌립

예수 고난의 여정도

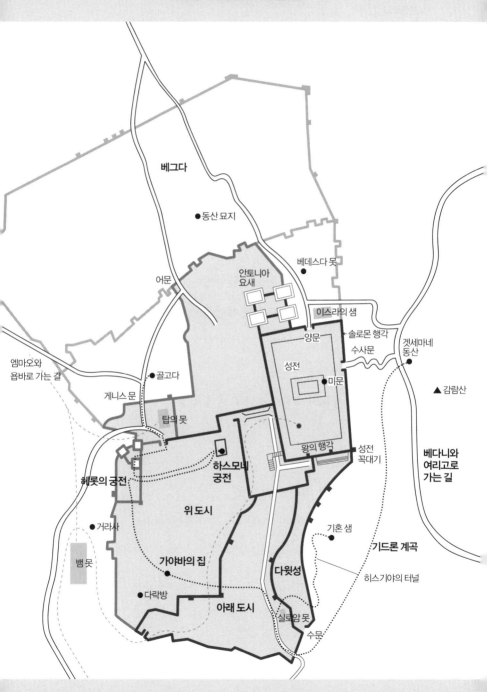

베그다

● 동산 묘지

베데스다 못 ●

안토니아
요새

이스라엘 샘

어문

양문

솔로몬 행각

겟세마네
동산

수사문

엠마오와
욥바로 가는 길

● 골고다

성전

● 미문

게니스 문

▲ 감람산

탑의 못

왕의 행각

성전
꼭대기

베다니와
여리고로
가는 길

헤롯의 궁전

하스모니
궁전

위 도시

● 거라사

기혼 샘

기드론 계곡

뱀 못

가야바의 집

다윗성

히스기야의 터널

● 다락방

아래 도시

실로암 못

수문

막달라 마리아의 노래[1]

그 뒤에 예수께서 고을과 마을을 두루 다니시면서, 하느님의
나라를 선포하며 그 기쁜 소식을 전하셨다.
열두 제자가 예수와 동행하였다. 그리고 악령과 질병에서
고침을 받은 몇몇 여자들도 동행하였는데,
일곱 귀신이 떨어져 나간 막달라라고 하는 마리아와
헤롯의 청지기인 구사의 아내 요안나와 수산나와 그 밖에
여러 다른 여자들이었다.
그들은 자기들의 재산으로 예수의 일행을 섬겼다.

《누가복음》 8장 1절~3절

"크리스타,[2] 다 기록했습니까?"
"네, 선생님께서 말씀하신 내용을 다 기록했습니다."
"오늘 기록한 부분을 읽어 보세요."
"네, 선생님."

막달라 마리아 곁을 그림자처럼 지키며 그녀를 보살펴 온 크리스타는 마리아가 구술한 부분을 천천히 또박또박 읽기 시작했다. 마리아는 지그시 눈을 감고 들었다.

(······)

안드레가 형제들에게 물었다.

"마리아 자매의 말을 어찌 생각하십니까? 주께서 이 말씀을 하시다니 도저히 믿을 수가 없습니다. 우리가 알던 것과 너무도 다릅니다."

그때 베드로가 말하였다.

"우리가 모르는 비밀을 이런 식으로 여자에게 말씀하셨다니 가당키나 합니까? 관습을 뒤엎고 여자의 말에 귀를 기울여야 옳습니까? 정녕 주께서 우리보다 이 여자를 사랑하셔서 택하신 것입니까?"

마리아가 눈물을 훔치며 그의 말에 답하였다.

"베드로 형제여, 무슨 생각을 하나요? 저 혼자 상상해서 환상을 지어내는 것이란 말인가요? 제가 어찌 주를 두고 거짓을 말한단 말입니까?"

그때 레위가 말하였다.

"베드로 형제여, 그대는 성격이 불같더니 우리 원수들을 닮아 여자를 거부하고자 합니까? 주께서 그녀를 귀히 여기셨으면 거부해서는 안 됩니다. 주께서 우리보다 그녀를 더 사랑하셔서 그녀를 잘 알고 있었던 것입니다. 우리 모두 속죄하고 '참 인간'[3]으로 태어나 주께서 우리 안에 온전히 거하도록 합시다. 주께서 명하신 대로 나아가 널리 복음을 전파합시다. 그분이 증거하신 이상의 율법을 만들지 맙시다."

레위가 말을 마치자 사도들이 일제히 일어나 복음을 전파하려 나섰다.[4]

"빠진 부분이 있나요?"

"아니요, 잘 적었어요."

마리아는 만족한 듯이 고개를 끄덕였다. 그녀의 눈에 촉촉이 눈물이 고였다. 지나온 세월이 주마등처럼 스쳐 지나갔다. 사랑하는 스승 예수와 함께한 나날들, 예수를 따르면서 받았던 고향 사람들과 주변 사람들의 불편한 시선, 예수의 가르침을 따르고 전파했던 나날들, 그리고 자신의 얼마 남지 않은 생애.

밤이 깊어 등잔불이 꺼져 가고 있었다.

"선생님, 등잔에 기름을 더 부을까요?"

크리스타가 조용히 물었다.

"아니요, 됐어요. 이제 내가 죽더라도 주님이 내게 전해 주신 말씀은 남게 되었네요. 크리스타, 여기에 기록된 말씀을 항상 다른 분들에게 읽어 주세요. 주님의 말씀이 사라지지 않도록."

마리아의 당부에 크리스타는 미소로 답했다.

"선생님, 이 말씀을 뭐라고 부를까요? 선생님의 이름을 따라 마리아 복음서라고 부를까요?"

마리아 복음서. 막달라 마리아는 조용히 그 제목을 입으로 읊조렸다. 그리고 천천히 고개를 끄덕였다. 크리스타는 두루마리의 맨 끝에다 힘을 주어 또박또박 이렇게 적어 넣었다. 마리아 복음서.[5]

*　*　*

막달라 마리아는 병색이 완연하였다. 크리스타는 스승의 회복을 위해 날마다 기도하며, 좋다는 약재를 찾아 봉양했지만 병은 차도를 보이지 않았다. 스승은 노예로 팔린 크리스타를 비싼 값에 사서 제자로 삼았다. 크리스타는 기꺼이 마리아의 몸종이 되고자 했으나, 마리아는 예수님을 따르는 사람들은 주인과 노예가 따로 없다고 말해 주었다. 크리스타는 몸둘 바를 몰랐다. 마리아는 크리스타를 친딸처럼 대해 주었다. 크리스타의 본래 이름은 안나였으나, 스승이 크리스타란 이름을 지어 주었다. 너무도 크고 귀한 이름이었다. '세상을 구원할 여인'이란 뜻이라고 스승은 말했다.

스승의 임종이 점점 다가오자, 크리스타의 불안은 나날이 커져

갔다. 스승과 함께한 날이 꿈결과 같았다. 스승은 예수의 길을 전했다. 그 길을 '하느님 나라'라고도 말했다. 크리스타는 스승과 함께한 나날들이 하느님 나라라고 생각했다. 서로 사랑하고, 서로 돌보고, 서로 나누며, 함께 성장하였다. 스승은 자신의 집에 버려진 여인과 죄 많은 여인들을 기꺼이 들였다. 바깥에서 손가락질을 하든 말든 신경 쓰지 않았다. 또 사정이 허락하는 대로 노예를 사들여 자유인이 되게 하였다. 때로 전도 여행을 떠났다가 몇몇 여자아이들과 함께 돌아오기도 하였다. 예수의 도를 따르는 신도들이 해방시킨 노예 아이들이라고 하였다. 크리스타 역시 그렇게 자유인이 된 아이 중 하나였다. 마리아는 상대가 아무리 어린아이라고 하더라도 반말을 하지 않았다. 반대로 마치 자신이 그 아이의 몸종이라도 되는 듯이 항상 존대하였다. 그렇게 몸소 섬김의 도리를 보여 주었다. 마리아를 따르는 무리가 점점 늘어나 수백 명이 되었다. 사랑과 섬김의 자매 공동체가 그렇게 만들어졌다.

크리스타는 신선한 과일과 물을 탄 포도주를 들어, 마리아가 누워 있는 방으로 들어갔다. 크리스타를 본 마리아는 침상에서 반쯤 일어나 앉았다. 크리스타는 침상 옆 탁자에 준비해 온 것들을 내려놓고, 스승의 침상 발치에 걸터앉았다. 그러고는 짐짓 명랑한 표정으로 말했다.

"선생님, 바깥의 날씨가 너무 맑아요. 함께 나가실래요?"

마리아는 조용히 웃으며 대답했다.

"아직은 밖에 나갈 정도로 몸이 나아지지 않았어요. 대신 크리스타와 이야기나 나눌까요?"

"그렇다면, 예수님 만난 이야기를 해 주세요. 선생님은 예수님의 말씀만 들려주셨지, 그분을 만난 이야기는 해 주지 않으셨잖아요."

크리스타는 짓궂은 표정을 지으며 마리아를 쳐다보았다. 그런 표정을 마리아는 좋아했다. 악의 없는 짓궂음, 그것은 호기심에 가득 찬 어린아이들이 짓는 표정이었다. 마리아는 예수님도 그런 표정을 좋아했다는 사실을 떠올렸다. 마리아는 어느덧 예수님과 함께한 시절로 돌아간 듯했다. 마리아는 창가로 고개를 돌렸다. 따스하고 신선한 바람이 창가에서 불어와 마리아의 머릿결을 어루만졌다. 마리아는 크리스타를 사랑스러운 듯 쳐다보았다. 크리스타의 호기심 어린 눈망울이 자신과 닮았다고 생각했다. '나도 예수님을 처음 만났을 때 저런 눈빛이었을까?' 마리아는 천천히 입을 열었다.

"예수님을 처음 만난 건 모습이 아니라 바람을 통해서였어요. 내가 살았던 막달라는 예수님이 살았던 나사렛에서 그리 멀지 않은 곳이었지요. 모두 갈릴리에 속해 있었으니까요. 그분의 모습보다 소문이 먼저 나의 가슴에 찾아들었지요. 나사렛 출신의 예수라는 청년이 병을 고치고, 죄인들과 식사하며, 하느님의 나라를 전한다는 소문이 우리 마을까지 찾아온 거예요. 그리고 그가 제자들과 함께 고향을 떠나 이곳으로 오고 있다는 소문이 들렸어요."

크리스타는 마리아 곁으로 바짝 다가앉으며 다음 이야기를 기다렸다.

"그때 우리 집은 내 혼사 문제로 정신이 없었어요. 부모님은 나이가 찼으니 시집을 가야 한다며 동네 부잣집 청년들의 이름을 나에게 알려 줬어요. 오빠들도 자신의 친구들을 소개해 주겠다며 나를 놀렸어요. 하지만 나는 혼인에는 별 관심이 없었어요. 그보다는 요단강에서 세례를 베푼다는 선지자 요한의 이야기나, 회당에서 남자들이 주위를 살피며 주고받는 메시아 이야기나, 가까이에서 들려오는 예수님의 이야기에 더 관심이 많았지요. 그런데 아버지나 오빠들에게 그런 이야기를 물으면, 평소에는 자상하던 그분들이 갑자기 정색을 하며 여자가 그런 일을 알아서 뭐 하냐고 오히려 나를 질책했어요. 그분들이 그런 태도를 보이면 보일수록 나의 호기심은 날로 커져 갔어요."

마리아는 물을 탄 포도주를 한 모금 마셨다. 포도주의 쌉쌀한 향기가 입가를 적셨다.

"그러던 어느 날, 회당에 찾아가 문밖으로 나오던 랍비에게 예수님이 말하는 '하느님 나라'가 어떤 곳이냐고 물었지요. 랍비는 동그란 눈으로 나를 쳐다보더니, 여자는 그런 질문을 해서는 안 된다며 집으로 돌아가라고 말했어요. 그러고는 나의 아버지를 불러 딸 관리를 잘

하라며 도리어 화를 냈지요. 집으로 돌아온 아버지는 여자가 회당에서 공공연하게 질문하는 것은 율법이 허락하지 않는다며, 앞으로는 밖을 돌아다니지도 말고, 엉뚱한 질문을 하지도 말라고 혼을 내셨어요. 나는 영락없이 갇혀 지내는 신세가 되었지요. 오도 가도 못하고 침상에 드러누워 끙끙 앓았어요. 머리는 아프고 혼이 나간 듯했지요. 나의 이런 모습을 지켜보던 오빠들은 크게 걱정하면서 혹시 마귀에 들린 것이 아니냐며 아버지에게 말했어요."

"선생님이 마귀에 들렸다고요?"

"때로 열이 올라 혼절하듯 잠이 들 때에는 헛소리를 했대요. 그 모습이 마귀에 들린 듯 보였나 봐요."

"그래서 어떻게 하셨어요?"

"나는 예수님이 우리 마을에 올 때까지 기다렸어요. 그분만이 나의 궁금함을 풀어 주시고, 나의 아픔을 고쳐 주실 거라고 생각했지요."

"오셨나요?"

"그럼요. 내가 앓아누워 있는 며칠 사이, 예수님은 제자들을 이끌고 우리 마을에 오셨어요. 그리고 회당으로 가셨지요. 우리 집안의 남자들도 모두 예수님을 보러 회당으로 갔어요. 나와 어머니만 남겨 두고요."

"선생님은 가지 않으셨어요?"

"가지 않은 것이 아니라 가지 못하게 가로막힌 거지요. 하지만 나는 몰래 집을 빠져나와 회당 근처로 갔어요. 얼마 지나지 않아 마을 남자들이 술렁대며 회당 밖으로 나오더군요. 그리고 그분, 예수님이 제자들과 나오는 게 보였어요. 젊지만 뭔가 슬픈 듯이 깊은 눈동자를 가진 분이셨어요. 그분은 회당 밖으로 나와 제자들과 갈릴리 바다 쪽으로 걸어가셨어요. 나는 조심스럽게 그들의 뒤를 밟았지요."

크리스타는 마치 자신이 예수의 뒤를 밟는 것처럼 두 손을 꼭 쥐고 이야기를 들었다.

"결국 만나셨군요."

"네. 예수님이 바다로 가다가 문득 걸음을 멈추셨지요. 나 역시 걸음을 멈췄어요. 예수님은 뒤를 돌아보셨어요. 나와 눈이 마주쳤지요. 나는 그 눈을 마주 볼 수 없어서 고개를 숙였어요. 그 자리에서 어디론가 숨고 싶었지만 숨을 곳도 없었어요. 그때 예수님께서 말씀하셨어요. '여인이여, 무엇을 원하십니까?' 그 소리는 바람결에 희미하게 들렸으나, 내 귀에는 너무도 또렷했어요."

"선생님께서는 뭐라고 대답하셨어요?"

마리아의 눈이 반짝 빛났다. 크리스타는 마리아의 눈동자 속에 마치 예수님이 있는 것처럼 느꼈다.

"나는 예수님께 대답했어요. '선생님, 진리를 원합니다.' 순간 술렁이던 주변이 조용해졌어요. 나도 내가 왜 그렇게 대답했는지 모르겠어요. 하지만 예수님이 내게 건넨 물음은 진정으로 내가 듣고 싶었던 것이었지요."

크리스타는 예수님이 어떻게 대답했는지 묻고 싶었으나, 가만히 숨죽여 마리아의 다음 말을 기다렸다. 거기에는 분명한 답이 있을 테니까.

"예수님은 나에게 천천히 다가오셨어요. 바로 내 앞에 서셨지요. 그리고 말씀하셨어요. '내가 진리입니다.' 그 말씀을 듣는 순간 모든 것이 환해졌어요. 그 말씀에는 어떤 과장도 거짓도 없어 보였어요. 나의 눈에서는 기쁨의 눈물이 흘렀어요. 나는 예수님께 말했어요. '주여, 어디로 가십니까?' 예수님은 이 말에 기쁜 듯이 대답하셨어요. '내가 길입니다. 나와 함께 가시렵니까?' 예수님의 말씀을 듣고 나는 크게 고개를 끄덕였어요."

크리스타는 마리아의 말을 듣고 감탄했다. 마리아와 예수님의 대화는 너무도 간명했다. 그러나 인생을 걸고 나눌 만한 대화였다. 크리스타는 속으로 그 대화를 되뇌었다.

여인이여, 무엇을 원하십니까?

선생님, 진리를 원합니다.

내가 진리입니다.

주여, 어디로 가십니까?

내가 길입니다. 나와 함께 가시렵니까?

"그러면 그때부터 예수님과 함께 길을 가신 건가요?"

"네, 그날부터 지금까지, 예수님 곁에서, 예수님 속에서, 나는 예수님과 함께, 예수님은 나와 함께. 영원히."

마리아는 조용히 눈을 감았다. 마치 과거를 걷고 있는 여인처럼. 그날의 일들이 지금의 일인 것처럼.

[1] 사복음에는 막달라 마리아에 대한 언급이 총 열세 번 나온다. 공통적으로 예수의 죽음을 처음부터 끝까지 지켜보는 여인이며, 예수의 어머니 마리아와 친밀한 관계를 맺고 있었고, 예수의 부활을 처음으로 목격한 여인이다. 기독교 역사에서는 막달라 마리아가 창녀였다가 회개하여 예수를 따라다니는 여인으로 언급되다가, 1988년에서야 교황 요한 바오로 2세가 그녀를 '사도들의 사도'로 격상시켰다.

[2] 크리스타(Christa)는 크리스트(Christ)의 여성형 이름이다. 막달라 마리아의 제자이며, 역사 속 실존 인물이 아닌 가상의 인물이다.

[3] 참인간(眞人): 헬라어로 기록된 《마리아 복음서》는 예수의 가르침을 깨달아 도달할 수 있는 최고의 인간을 '안드로포스(andropos)'라고 불렀다. 안드로포스를 번역하면 '인간'이다. 하지만 《마리아 복음서》의 맥락에 따르면, 완전한 인간, 진정한 인간, 참인간 등으로 해석할 수 있다.

[4] 《마리아 복음서》 18쪽~19쪽 번역.

[5] 마리아를 따르던 신앙 공동체에서 작성한 것으로 알려진 《마리아 복음서》는 1896년 이집트에서 발견되어, 현재 베를린 박물관에 보관되어 있다. 보통 영지주의 복음서로 알려져 있는데, 내면의 깨달음을 통하여 영혼이 계발되고 구원에 이른다는 믿음을 기초로 하고 있는 것이 특징이다. 경전 편찬 과정에서 정경(正經)으로 선발되지는 못했지만, 초기 기독교 연구에 큰 영향을 미친 외경(外經)으로 널리 읽히고 있다. 복음서 전반부(1쪽~6쪽)와 중간(11쪽~14쪽)에 유실된 부분이 있어 그 전모를 파악할 수는 없지만, 나머지 부분은 오늘날 다양한 언어로 번역되어 널리 전파되었다. 이 소설에서 참고한 《마리아 복음서》는 장 이브 를루가 번역한 《막달라 마리아 복음서》(2006, 루비박스)로, 현대어에 맞게 문맥을 다듬었다.

D-5
일요일

예루살렘
성전에
입성하다

제자들이 그 새끼 나귀를 예수께로 끌고 와서, 자기들의

걸옷을 그 등에 걸쳐 놓으니, 예수께서 그 위에 올라타셨다.

많은 사람이 자기들의 걸옷을 길에다 폈으며,

다른 사람들은 들에서 잎 많은 생나무 가지들을 꺾어다가

길에다 깔았다.

그리고 앞에 서서 가는 사람들과 뒤따르는 사람들이 외쳤다.

"호산나!" "복되시다! 주님의 이름으로 오시는 분!"

"복되다! 다가오는 우리 조상 다윗의 나라여!"

"더없이 높은 곳에서, 호산나!"

《마가복음》11장 7절~10절

서기 30년, 이스라엘 전역에서 명절을 지키기 위해 모여드는 곳. 예루살렘. 예루살렘의 언덕에는 헤롯 대왕 시절 거대한 규모로 새로 지은 성전이 금빛으로 빛나고 있었다. 유대교에서 가장 신성한 절기

로 여기는 유월절의 첫날이었다. 비록 지금은 로마의 식민지로 전락했지만, 유독 예루살렘 성전은 식민지의 처참함이 비껴 간 듯, 과거 이스라엘의 찬란했던 다윗과 솔로몬의 영화를 되찾은 듯, 따뜻한 햇살에 반사되어 온갖 기둥들이 웅장한 모습으로 빛나고 있었다.

유월절이 어떤 날인가. 위대한 지도자 모세가 이집트 왕 람세스 2세의 폭압 아래서 노예 생활을 하던 이스라엘 백성들을 해방시킨 날이 아니던가. 당시 이집트에 거주하는 이스라엘 민중의 숫자가 점점 늘어나는 것을 두려워했던 이집트 왕은 그들을 추방하고, 온갖 공사에 노예처럼 동원했으며, 심지어는 갓 태어난 남자아이들을 학살하기까지 했다. 이스라엘 민중의 분노가 서서히 들끓었다. 그리고 그 분노의 정점에 위대한 지도자 모세가 있었다. 모세는 그의 형 아론과 함께 이집트의 왕을 만나 이스라엘 백성들에게 자유를 달라고 탄원했다. 이집트 왕이 차갑게 거절하자, 하느님은 이집트에 수많은 재앙을 일으켜 그를 궁지로 몰아넣었다. 그래도 이집트 왕이 끝끝내 굴복하지 않자 하느님은 이집트의 장자 모두를 저승으로 데려가고 말았다. 죽음의 그림자가 이집트 전역을 덮었을 때, 이스라엘 민중이 살고 있던 집은 문밖에 양의 피를 발라 죽음의 그림자를 피할 수 있었다. 유월절이란 말은 '죽음의 그림자가 지나갔다'는 뜻이다. 결국 장자를 잃은 이집트 왕은 더 이상 버티지 못하고 이스라엘 민중의 해방을 선포했다. 유월절은 그런 날이었다.

그래서 매년 유월절이 되면, 이스라엘 백성들은 과거 하느님이 노예 신세였던 자신들을 해방시켰듯이, 언제라도 모세 같은 위대한 지도자를 보내 로마의 지배하에 놓여 있는 자신들을 해방시켜 줄 것이라 굳게 믿고 있었다. 예루살렘 성전을 중심으로 모여든 모든 이스라엘 백성들은 자신들을 구원해 줄 지도자를 기다리고 있었다. 혁명 전야였다.

이러한 분위기는 로마 제국의 입장에서는 여간 거슬리는 것이 아니었다. 로마는 언제 폭발할지 모르는 반역의 기운을 그냥 지켜볼 수만은 없었다. 식민지 이스라엘을 통치하고자 로마가 파견한 총독 본디오 빌라도는 평소에는 지중해가 보이는 가이사랴 해변의 로마식 신도시에 머물렀지만, 이 시기만큼은 혹시 발생할지 모르는 소요 사태에 대비하기 위하여 제국의 기병대와 보병을 대규모로 이끌고 예루살렘 서쪽으로 행진하였다. 그 규모와 위용만으로도 소요 사태는 잦아들 정도로 위협적이었다. 예루살렘에 상주하고 있던 로마 주둔군은 예루살렘 성전 주변을 훤히 꿰뚫어 볼 수 있는 안토니오 요새에 있었다. 이제 빌라도가 이끄는 로마 군단은 주둔군과 합류하기 위해 예루살렘으로 들어서고 있었다. 빌라도 입장에서는 문제 많은 이스라엘 축제 기간 동안 아무 일도 벌어지지 않는 것이 상책이었다. 만약에 예상치 못했던 소요 사태가 발생할 경우, 이는 로마로 금의환향해야 할 자신의 계획이 틀어지는 것을 의미했다. 잘못된 싹은 처음부터 밟아 뭉개 버려야 했다. 빌라도는 안토니오 요새에 군대 일부를 주둔시켜 병력을 강화하고, 자신은 헤롯 안디바의 궁전으로 향했다. 그곳에는 빌라도가 임시로 머무는 데 필요한 모든 편의 시설이 갖춰져 있었다.

그와 같은 시간에 예루살렘 동쪽에서 초라한 행렬이 예루살렘으로 향하고 있었다. 예수를 따르던 소수의 무리들이, 예수를 나귀 새 끼에 태우고 예루살렘으로 들어왔다. 안장도 마련하지 못해 제자들의 겉옷을 안장 삼아 천천히 행진하였다. 성전 거리에서 이 우스꽝스러운 광경을 목격한 사람들은 나귀가 지나갈 자리를 천천히 내주었다. 그때였다. 군중들 사이에서 외침이 들려왔다.

"메시아[6]다, 메시아가 나타나셨다."

그 소리에 놀란 군중들이 나귀를 타고 행진하는 예수의 무리를 바라보았다. 누군가가 자신의 겉옷을 벗어 길에 던지며 외쳤다.

"호산나![7] 찬양하라. 주의 이름으로 오시는 분이시다."

"찬미하라, 다윗의 자손이시다."

"하느님의 아들이시다. 우리의 메시아시다."

이 소리에 사방에서 사람들이 겉옷을 던졌다. 어떤 이들은 들에서 꺾은 종려나무 가지를 던졌다. 왕이나 개선장군의 행차 때 군중들이 보이는 환호 예식이었다. 처음에는 환호성이 작았으나, 주변에 모여 있던 군중들의 함성으로 점차 소리가 높아졌다. 그들은 예수의 무리를 따라 예루살렘 성전으로 들어갔다.

하지만 명절 첫날이어서 그런지 성전 안에는 사람들이 많지 않았다. 예루살렘에 도달하기까지 쌓인 여독을 풀려고 다들 일찍 숙소로 돌아간 듯했다. 예수의 제자들은 적잖이 실망했다. 드디어 메시아가 예루살렘에 입성했는데, 사람들의 환호식은 초라하기 그지없었다. 분위기가 고조될 기미를 보이지 않자, 예수의 행렬을 뒤따르던 사람들도 뿔뿔이 흩어졌다.

이날 이렇게 두 개의 행렬이 있었다. 로마 군단의 행렬은 화려하고 절도가 있었다. 그들은 잘 훈련된 말을 타고 행진하였다. 말 옆으로 지나가던 사람들이 말에 부딪히며 멀리 내동댕이쳐졌다. 그런데 예수가 타고 있는 나귀 새끼는 정말 초라하기 이를 데 없었다. 예수를 태우는 것만으로도 힘들어 보였다. 로마군의 말 옆에 서게 된다면 필경 나귀 새끼가 넘어지리라. 위용으로도 규모로도 비교가 되지 않았다. 계란으로 바위를 치는 격이었다. 이스라엘을 구원할 메시아라면 그래서는 안 된다. 예수의 소문을 듣고 이를 확인하러 예루살렘을 찾은 사람들은 적잖이 실망한 표정으로 뒤돌아섰다. 그렇게 날이 저물고 있었다.

예수를 따르던 무리들은 예루살렘 근처 베다니로 향했다. 그곳은 예수를 충실히 따르는 나사로와 그의 두 자매인 마리아와 마르다가 있는 곳이었다. 예수의 무리가 나사로의 집에 당도하자, 막달라 마리아는 마리아와 마르다 자매와 함께 늦은 저녁 식사를 준비하였다.

예수는 초라한 군중들의 환호식에 제자들이 적잖이 실망한 것을 알았지만, 이에 대해 일언반구도 하지 않았다. 아침 일찍 다시 예루살렘으로 향할 테니, 간단히 식사를 마치고 일찍 잠자리에 들라고만 말했다. 예수도 피곤해 보였지만 그는 쉬 잠자리에 들지 못했다. 밤이 되어 추워지자 집 밖에는 모닥불이 피어올랐다. 예수는 모닥불 곁에 앉아 조용히 묵상을 하고 있었다.

막달라 마리아가 포도주를 들고 예수 곁으로 다가와 앉았다. 투박한 토기 잔에 포도주를 따라 예수에게 건넸다. 예수는 마리아가 건넨 포도주를 받아서 목을 축였다. 몸 안으로 따뜻한 기운이 퍼지는 듯했다. 막달라 마리아가 다정히 물었다.

"잠이 안 오시나 봐요."

"그러게요. 잠이 달아났나 봐요. 나도 잠처럼 달아나고 싶었나 봅니다."

"너무 힘들면 달아나서도 돼요. 모든 짐을 홀로 지려고 하지 마시고요."

"오늘 예루살렘 성전에서 사람들 속에 있었지만 마치 혼자 있는 것 같았어요. 사람들이 떠드는 소리도 들리지 않았어요. 침묵처럼,

아무 소리도 듣지 못했어요."

막달라 마리아는 걱정스러운 듯 예수를 바라보았다. 그러다 분위기를 바꿔 보려는 듯 밝은 표정으로 말했다.

"사람들은 예수님을 보고 메시아라고 외쳤어요. 다윗의 자손이라고 외쳤어요. 하느님의 아들이라고 외쳤어요. 자신들을 구원해 달라고 외쳤어요. 그 소리는 들으셨지요?"

예수는 마리아의 말을 가만히 듣고 있었다.

"저는 그 소리를 듣고 기뻤어요. 예수님은 기쁘지 않으셨나요?"

"그분들이 원하는 사람은 제가 아니에요. 저는 힘이 없어요. 저는 싸우려고 예루살렘 성전으로 들어간 게 아니에요."

마리아는 슬픈 표정으로 혼잣말처럼 중얼거렸다.

"저도 알아요. 예수님은 싸움을 멈추게 하려고 들어가셨어요."

예수는 마리아를 조용히 쳐다보았다.

"언제부터 아셨나요?"

"예수님을 처음 뵈었을 때부터요. 그 슬픈 눈동자를 보았을 때부터요. 예수님의 어머니이신 마리아[8]님을 뵈었을 때부터요. 예수님을 따라다니며 줄곧 알고 있었어요."

"그런데 왜 저와 함께하셨지요?"

"예수님이 말씀하셨잖아요. 진리라고, 길이라고. 진리라 믿었고, 길이라 따른 거예요."

"지금도 그렇게 믿으시나요?"

"네, 여전히 그렇게 믿어요."

예수는 잔에 남은 포도주를 마셨다. 마리아도 조용히 잔을 비웠다.

"마리아님의 믿음이 마리아님을 구원할 거예요. 그 믿음을 지키세요."

"저도 알고 있지만, 너무 슬퍼요."

"슬퍼하지 말아요. 하느님이 함께하실 거예요."

마리아는 슬픈 표정으로 예수를 바라보았다.

"이 길밖에 없는 건가요?"

"저는 제 길을 갈 수밖에 없어요. 제 길이 끝나면, 마리아님이 그 길을 이어 주세요. 우리 모두 각자의 길을 가겠지만, 우리가 가는 길은 언젠가 하나로 이어질 거예요. 우리가 사랑을 포기하지 않는다면."

"사랑인가요?"

"저는 하느님 아버지에게서 사랑을 배웠어요. 하느님은 사랑이시라고. 우리가 서로 사랑하면 하느님의 자녀임을 사람들이 알 거예요."

나사로의 동생 마리아가 집안일을 모두 마치고 밖으로 나왔다. 마리아는 예수님과 막달라 마리아가 다정하게 이야기하고 있는 모습을 보며 입을 삐죽였다.

"무슨 이야기를 그렇게 재미나게 하세요?"

갑작스러운 마리아의 등장에 분위기는 이내 밝아졌다. 막달라 마리아는 마리아에게 어색한 듯 물었다.

"일을 마치기도 전에 나와서 미안해요. 다들 주무시나요?"

마리아는 막달라 마리아에게 웃으며 말했다.

"네, 다들 주무세요. 그리고 저한테 미안해하실 필요는 없어요. 예전에 마르다 언니가 손님맞이로 정신없이 일하는 동안 제가 예수님의 옆자리를 독차지했거든요.[9] 오늘은 마리아님이 제 역할을 맡으셨네요. 가장 좋은 역할이에요."

마리아의 반농담에 다들 활짝 웃었다. 마리아는 예수 곁에 바짝 붙어 앉아 예수를 바라보며 말했다.

"이제 저한테 재미난 얘기를 해 주실 차례예요. 재미난 얘기를 듣는 것은 저도 양보 못 하니까요."

막달라 마리아는 예수의 잔에 다시 포도주를 따랐다. 예수는 무슨 재미난 이야기를 해 줄까 머리를 궁굴리며 마리아를 쳐다보았다. 마리아는 순진한 표정을 하고서 예수에게 말했다.

"공교롭게도 이 자리에 두 명의 마리아는 있는데, 한 분이 안 계시네요. 예수님의 어머니 얘기를 들려주세요. 예수님처럼 멋진 아들을 두신 분이니 얼마나 좋으실까?"

예수는 고개를 들어 밤하늘의 별들을 보았다. 그리고 나지막이 불렀다.

"어머니."

* * *

마리아는 예수를 임신한 채, 유대 산골에 있는 먼 친척인 엘리사벳을 방문하였다. 엘리사벳은 제사장 사가랴의 아내였다. 엘리사벳 역시 배 속에 아이가 있었다. 그런데 두 여성은 이 문제로 곤란을 겪고 있었다. 마리아는 혼전 임신이었고, 엘리사벳은 늙어서 임신하였기 때문이다.

"엘리사벳, 저는 태중에 아이가 있지만, 약혼자인 요셉의 아이는 아니에요. 만약 이 사실이 마을에 알려지기라도 한다면 저는 돌에 맞아 죽을 거예요."

"마리아, 나 역시 너무 늙은 나이에 임신을 하여 걱정이다. 너만 한 딸이 있어도 늙은 어미라 놀릴 텐데, 이제 와서 임신이라니 남편 사가랴도 이 일을 입 다물고 있단다."

"우리 둘 다 참으로 기구한 운명이로군요. 이를 어쩌지요?"

"어쩌긴, 낳아야지. 하느님이 주신 선물을 소중하게 여겨야 한단다."

지혜로운 엘리사벳은 마리아의 손을 잡으며 말을 이었다.

"우리 모두에게 이러한 일이 생긴 데는 하느님의 뜻이 있을 거야. 그러니 배 속의 아기를 잘 키워야 한다."

이 말을 들은 마리아는 엘리사벳의 손을 더욱 움켜쥐며 말했다.

"그런데 아이가 생겼을 때 전 놀라운 꿈을 꾸었어요. 천사 가브리엘이 나타났거든요. 가브리엘 천사님은 저를 부드럽게 바라보시며, 앞으로 일어날 일에 대해서 놀라지 말라고 하셨어요. 하느님의 아들을 잉태할 터이니 잘 키우라고요. 그리고 엘리사벳의 이야기도 하셨어요. 귀한 아이를 가진 지 여섯 달이나 되었다고요. 그래서 꿈에서 깨어나 놀랍기도 하고 신기하기도 해서 확인하러 왔어요."

엘리사벳은 마리아의 꿈 이야기에 놀라는 표정을 지었다. 만약 마리아의 꿈이 예지몽이라면 자신의 배 속 아이도 귀한 아이로 태어나 자랄 것이다. 엘리사벳의 눈가에는 기쁨의 눈물이 촉촉하게 맺혔다. 그들에게서 태어난 아이는 자라나, 한 명은 세례를 주는 예언자 요한이 될 것이고, 다른 한 명은 구세주라 불리는 예수가 될 것이었다. 하시만 아직은 일어나지 않은 미래의 일이었다. 마리아와 엘리사벳은 서로의 배를 어루만지며 배 속 아이에게 노래를 불러 주었다.[10]

"하느님은 거룩하시다. 하느님의 사랑은 크시도다.

하느님은 권능의 손으로 교만한 사람을 흩으시고

불의한 왕을 왕좌에서 끌어내시고

비천한 사람을 높이실 것이다.

굶주린 사람을 좋은 것으로 배불리 먹이시며

불의한 부자들을 빈손이 되게 하실 것이다.

하느님은 우리를 기억하시고 이스라엘을 도울 것이다.

하느님의 사랑이 아브라함과 그 자손에게 영원할 것이다."

마리아가 어릴 적부터 마을에서 부르던 노래였다. 이스라엘 사람들은 모두 이 노래를 불렀다. 삶이 지치고 힘들 때, 절망스러워 한 치 앞도 보이지 않을 때, 이 노래는 마리아에게 큰 희망이 되었다. 마리아는 어떠한 일이 있더라도 배 속의 아기를 보호하기로 결심했다.

때가 되어, 마리아가 예수를 출산했을 때, 남편인 요셉은 자신의 아이가 아님에도 이 아이를 받아들였다. 그는 목수 일로 잔뼈가 굵은 남자였고, 말을 가릴 줄 아는 사내였다. 무엇보다 아내인 마리아를 보호하고 사랑하였다. 주변에서는 마리아의 출산에 대해 이러저러한 이야기가 떠돌았으나, 요셉은 들은 체도 하지 않았다. 마리아와 부부가 되어 살기로 결심한 이후로 요셉은 묵묵히 자신의 일을 하며, 예수를 맏아들로서 사랑하였다. 마리아와 요셉 사이에서는 네 아들[11]과 두 딸이 더 태어났다. 야고보, 유다, 요셉, 시몬이 다른 아들들의 이름이었다. 예수는 요셉 집안의 맏아들로서 아버지를 도와 목수 일을 했고, 다른 형제자매들과도 우애가 돈독했다.

아버지 요셉이 죽자, 집안을 챙기는 일은 마리아와 장남 예수가 도맡을 수밖에 없었다. 장남이 마땅히 해야 할 일이었다. 예수는 동생과 더불어 여러 가지 일을 했다. 목수라는 직업은 항상 일이 있는 것이 아니었기에, 일이 없을 때에는 포도원에서 포도를 수확하는 일, 양 떼를 돌보는 일, 씨 뿌리고 경작하는 일 등 생계에 도움이 될 만한 일이라면 무엇이든 했다. 마리아는 예수의 이러한 모습이 대견했다. 하지만 마음 한쪽에서는 예수에게 그늘이 생기고 있음을 감지했다. 특히 거리에서 십자가를 볼 때마다 아들은 잠을 이루지 못하였다.

갈릴리는 반란의 도시였다. 유대 지방과는 멀리 떨어져 있어 종교적 규제는 덜했지만, 넓은 농경지와 풍부한 갈릴리 바다를 끼고 있어서 로마 제국의 착취는 더욱 극심하였다. 말도 안 되게 높은 세금을 매겨, 가진 것을 거의 다 빼앗아 갔다. 착취가 심할수록 저항도 거세져서, 갈릴리에서는 자주 시위와 항쟁이 일어났다. 때로 메시아를 자처하는 인물들이 나오기도 했다. 그들은 주변 사람을 모아 로마에 맞섰다. 항상 젊은이들이 앞장섰다. 로마 제국은 이를 간과하지 않았다. 항쟁이 거세지면 로마 제국은 무력으로 잔인하게 이를 진압하였다. 로마에 저항한 대가는 참혹했다. 항쟁이 진압되면 반란자들을 십자가에 못 박아 거리 양쪽에 나란히 전시하였다. 십자가에서 흐르는 핏물과 신음 소리가 냇물과 밤하늘을 뒤덮었다. 물 냄새와 피비린내가 뒤섞여 지옥이 따로 없었다. 십자가에 못 박힌 반란자들에게는 매장이 허락되지 않았다. 그들은 죽은 후에도 깊게 파 놓은 구덩이에 던져져 들짐승과 새들의 먹이가 되었다.

갈릴리에 살고 있는 가족들치고 이런 피눈물 나는 초상을 치르지 않은 집안이 없을 정도였다. 마을에서는 건강한 청년들이 위험한 일을 하지 못하도록 단속하였지만, 슬픔과 분노는 항상 벽을 뛰어넘고 들을 달렸다.

마리아는 장성한 예수가 걱정스러웠다. 생각이 깊고 자상한 예수의 표정이 어두워질 때마다 마리아는 하느님을 찾고 기도를 드렸다. 그러던 어느 날, 예수보다 여섯 달 먼저 태어난 먼 친척 요한이 요단강에서 세례를 주며 "회개하라, 하느님 나라가 가까이 왔다."고 전한다는 소식이 들려왔다. 요한이 일찍이 어머니 엘리사벳 곁을 떠나 사막에 머문다는 소식을 들은 지 3년이 지나서였다. 예수도 요한의 소식을 들은 듯했다. 그날 밤 마리아와 예수는 한숨도 못 자고 밤을 새웠다. 때가 된 것이다. 예수의 나이 스물아홉. 예수는 다음 날 새벽녘, 집을 나섰다. 돌아오지 못할 길을 나선 것이다. 마리아는 아들을 붙잡지 않았다. 붙잡을 수 없을뿐더러, 붙잡아서도 안 되는 길이었다. 마리아는 두 손을 모아 조용히 아들의 안녕을 빌었다.

예수는 어머니가 문간에서 자신을 바라보고 있다는 걸 알았지만 뒤를 돌아보지 않았다. 대신 조용히 "어머니." 하고 불러 보았다.

[6] '기름 부음을 받은 자'라는 뜻의 히브리어이다. 기름 부음을 받는다는 것은 왕이나 예언자가 된다는 의미이다. 이스라엘 백성에게 메시아는 바로 이스라엘을 해방시킬 구원자를 뜻한 다. 이를 헬라어로는 '크리스투스', 즉 '그리스도'라 한다.

[7] '구원하소서.'라는 뜻의 히브리어이다. 기쁨과 승리의 환호성이다.

[8] 히브리어 '미리암'의 헬라식 이름이다. 미리암은 이스라엘 해방자 모세의 누이로, 갓난 모세 를 보살피고, 장성해서는 모세와 함께 이스라엘 민중을 해방시키는 중요한 역할을 수행했 다. 그녀는 민중을 가나안으로 이끌 때까지 여성 예언자로 인정을 받았다. 모세, 아론, 미리 암은 오누이로 이스라엘 사람들이 가장 존경하는 역사적 인물이다. 그래서 예수가 살았던 시대에 미리암의 헬라식 이름인 '마리아'는 가장 흔한 여자 이름 중 하나였다. 흔하지만 존 경받는 이름, 마리아! 복음서에 등장하는 여성 중 세 명의 마리아가 유명하다. 예수의 어머 니 마리아, 나사로의 여동생 마리아, 그리고 막달라 마리아.

[9] 《누가복음》 10장 38절~42절 : 마르다와 마리아
38절 그들이 길을 가다가, 예수께서 어떤 마을에 들어가셨다. 마르다라고 하는 여자가 예수 를 자기 집으로 모셔 들였다. 39절 이 여자에게 마리아라고 하는 동생이 있었는데, 마리아는 주님의 발 곁에 앉아서 말씀을 듣고 있었다. 40절 그러나 마르다는 여러 가지 접대하는 일로 분주하였다. 그래서 마르다가 예수께 와서 말하였다. "주님, 내 동생이 나 혼자 일하게 두는 것을 아무렇지 않게 생각하십니까? 가서 거들어 주라고 내 동생에게 말씀해 주십시오." 41절 그러나 주님께서는 마르다에게 대답하셨다. "마르다야, 마르다야, 너는 많은 일로 염려하며 떠들고 있다. 42절 그러나 주님의 일은 많지 않거나 하나뿐이다. 마리아는 좋은 몫을 택하였 다. 그러니 아무도 그것을 그에게서 빼앗지 못할 것이다."

[10] 마리아의 찬가. 《누가복음》 1장 46절~56절. 이 노래는 당시 이스라엘 민중이 불렀던 노래 로도 알려져 있다. 그렇다면 마리아는 이스라엘 민중의 노래를 자신의 노래로 삼은 것이다. 하느님은 가난한 자, 소외된 자를 버리지 않는다는 예언자적 정신이 잘 녹아 있는 노래이다. 이 소설에서는 간략히 줄였다.

[11] 마리아와 요셉 사이에서 난 아들로 추정되는 야고보, 유다, 요셉, 시몬에 대해서는 다른 의 견도 있다. 특히 야고보와 유다는 예수의 제자인 알패오의 아들 야고보와 유다와 겹쳐서, 마 리아에게는 여러 자매가 있었고 그중 알패오와 결혼한 자매에서 나온 아들이라는 설도 있다. 그렇다면 요셉과 시몬 역시 마리아가 직접 낳은 아이들이 아니라 마리아의 자매에게 서 나온 아들들로 추정할 수 있다. 즉 예수는 외아들로 태어나 자랐고, 예수의 주변에 사촌 동생들이 많았던 것으로 추정할 수도 있다. 그리고 그중 야고보와 유다가 사촌 형인 예수를 따라 그의 제자가 된 셈이다.

D-4
월요일

환전상을
뒤엎다

예수께서 성전에 들어가셔서, 성전 뜰에서 팔고 사고 하는

사람들을 내쫓으시면서

돈을 바꾸어 주는 사람들의 상과 비둘기를 파는 사람들의

의자를 둘러엎으시고,

성전 뜰을 가로질러 물건을 나르는 것을 금하셨다.

예수께서는 가르치시면서, 그들에게 말씀하셨다.

"기록한 바'내 집은 만민이 기도하는 집이라고 불릴 것이다'[12]

하지 않았느냐? 그런데 너희는 그곳을 '강도들의 소굴'[13]로

만들어 버렸다."

《마가복음》11장 15절~17절

예수와 제자들은 아침 일찍 길을 나섰다. 베다니에서 예루살렘으로 가는 길에 사람들이 가득했다. 길은 멀지 않았으나 붐비는 인파로 걸음은 더디었다. 아침 햇살이 따갑게 내리쬐었다. 일행은 쉬 지쳤다.

예수는 제자들과 함께 그늘을 찾았다. 잎이 무성한 무화과나무가 보였다. 시원한 그늘 밑에서 잠시 쉬었다.

"무화과나무에 열매가 없군요."

봄철에 무화과가 열리지 않은 것은 당연했다. 제자 중 한 명이 예수의 말에 피식 웃으며 말했다.

"열매가 없는 것이 당연하지요. 아직 때가 아닌데요. 목이 마르신가요? 물이라도 구해 올까요?"

"아니, 그럴 필요는 없습니다. 조금만 더 쉬었다가 가지요."

다른 제자들은 예수의 말을 흘려들었지만, 막달라 마리아는 전날 예수와 나눈 대화 때문에 걱정이 앞섰다.

'혹시 예수님은 자신의 처지를 말씀하시는 것이 아닐까? 제자들과 함께한 세월이 적지 않지만 아무도 깨달은 자가 없다는 말씀이실까? 그도 아니라면 무화과나무가 열매가 맺을 때쯤이면 예수님은 이 세상 사람이 아닐 거라는 말씀이실까? 꽃이 보이지 않는다 하여 무화과(無花果)인데, 당신의 생애에 꽃 한 번 피워 보지 못한 것을 안타까워하시나?'

이런저런 눈치를 살피며 곰곰 생각에 잠겨 있는데, 예수님이 입을 여셨다.

"여러분이 보시기에 예루살렘 성전에는 열매가 있을까요?"

그러자 회계를 담당하는 가룟 유다가 말했다.

"아직도 열매 타령이십니까? 성전에 가면 열매야 얼마든지 살 수 있지요. 재정이 부족하기는 하지만 우리 손에 하나씩은 돌아가도록 마련하겠습니다."

예수는 피식 웃으며 대답했다.

"유다는 잘못 짚었어요. 내가 이야기하는 것은 그 열매가 아니에요. 성전이 맺어야 할 열매를 말하는 것이지요. 옛날 예언자들이 말했던 열매 말이에요."

가나안 출신의 열심당원이었던 시몬이 말했다.

"아모스 선지자께서 말씀하신 구절이 떠오르네요. '나는, 너희가 벌이는 절기 행사들이 싫다. 역겹다. 너희가 성회로 모여도 도무지 기쁘지 않다. 너희가 나에게 번제물이나 곡식 제물을 바친다 해도, 내가 그 제물을 받지 않겠다. 너희가 화목제로 바치는 살진 짐승도 거들떠보지 않겠다. 시끄러운 너의 노랫소리를 나의 앞에서 집어치워라! 너의 거문고 소리도 나는 듣지 않겠다. 너희는, 다만 공의가 물처럼 흐르게 하고, 정의가 마르지 않는 강처럼 흐르게 하여라.'"[14]

시몬의 말을 들은 제자들이 모두 고개를 끄덕였다. 같이 열심당원을 했던 가룟 유다 역시 뒤늦은 깨달음에 머리를 긁적였다.

예수는 예루살렘 성전으로 가는 제자들의 마음가짐을 바로잡고 싶었던 것이다. 휘황찬란한 예루살렘 성전에 현혹되어, 함께 걸어온 삶을 망각할까 봐 걱정되었던 것이다. 갈릴리 촌놈들이 대도시인 예루살렘의 위용에 주눅 들까 봐 단속하고 싶었던 것이다. 예루살렘으로 축제를 즐기러 가는 것이 아니었다. 로마 제국의 권력과 예루살렘 성전의 권력이 결탁하여 더럽힌 예루살렘 성전은 더 이상 하느님의 성전이 아니었다. 그곳은 만백성이 기도하는 곳이 아니라, 만백성의 고혈을 짜서 권력자들의 배를 불리는 곳으로 전락했다.

하느님은 그곳에 계시지 않는다. 정의가 사라지고 불의가 넘쳐나는 곳에 하느님이 계실 리 없다. 예루살렘 성전은 무너질 것이다. 아니, 이미 무너졌다. 성전은 다시 세워질 것이다. 우리 속에서, 우리 안에서, 하느님 나라는 사랑의 공동체 안에서 더욱 굳건해질 것이다. 제자들과 다시 발걸음을 떼며, 예수는 예루살렘으로 가는 길목에서 다짐하고 다짐했다. 이 거짓 축제는 나와 함께 끝날 것이다. 그리고 나를 딛고 새로운 축제가 시작될 것이다.

최초의 예루살렘 성전은 솔로몬왕에 의해 기원전 957년, 7년에 걸쳐 지어졌다. 그때부터 이 성전은 유대교의 믿음의 상징이자 중심지였다. 이스라엘 사람이라면 누구든지 이곳에 오는 것을 영광으로 생각했다. 이 성전이 유대 지방을 점령한 바빌로니아에 의해 기원전 586년에 무너졌고, 많은 이스라엘 백성들이 포로가 되어 바빌로니아로 끌려갔다. 이때 이스라엘 백성들은 통곡의 눈물을 흘렸다. 65년이 지나서야 바빌로니아를 점령한 페르시아의 다리우스왕에 의해 노예 생활에서 해방될 수 있었다. 기원전 521년, 다리우스왕은 이들에게 성전 건축에 필요한 자금도 대 주었다.

그 후 500년이 지나 기원전 20년경 헤롯 대왕에 의해 성전이 증축되었다. 기존의 성전보다 세 배나 큰 규모였다. 무려 46년이 걸린 이 증축 공사에는 1만 8천 명 이상의 사람들이 동원되었고, 100만 톤이 넘는 돌이 필요했다. 돌 하나의 무게만도 4톤이 넘었다. 헤롯 대왕이 이렇게 무리해서 예루살렘 성전을 크게 증축한 것은 권력의 명분을 얻기 위해서였다. 로마 제국의 거대 권력을 등에 업은 헤롯 대왕이었지만 유대인이 아니었기에 이스라엘 왕이 되기 위해서는 종교 권력자들의 지지가 절대적으로 필요했다. 그들의 마음을 사로잡는 데에는 성전 증축만 한 것이 없었다. 그리하여 대규모 토목공사가 시작된 것이었다. 이 공사를 위해서 모든 이스라엘 남자에게는 해마다 두 데나리온에 해당하는 성전세를 거두어들였다. 한 데나리온은 노동자의 하루 품삯이었다.

성전 권력의 타락은 이미 공공연한 비밀이었다. 대제사장직을 맡은 가야바는 절대적 종교 권력자였다. 그는 4년 임기의 대제사장직을 18년부터 36년까지 18년간이나 지냈다. 그에 비하면 로마에서 파견된 빌라도 총독은 26년부터 36년까지 11년간 재임하는 데 그쳤다. 성전에 들어오는 직접 세금, 제사를 지내기 위해 돈을 바꾸고 제물을 사는 데서 생겨나는 수익의 일부분이 암암리에 성전의 권력자들에게 전달되었다. 이를 정치 권력자들과 나눈 것은 불을 보듯 뻔했다.

예수를 따르던 행렬은 이방인의 뜰로 들어갔다. 성전은 크게 네 구역으로 나뉘어 있었다. 이방인의 뜰에는 예루살렘 성전을 찾는 모든 이들이 들어갈 수 있었다. 여인의 뜰에는 이스라엘 여인만 들어갈 수 있었고, 이스라엘의 뜰은 할례를 치른 유대인 남성만 들어갈 수 있는 곳이었다. 그 중심부에 제사장의 뜰이 있었고, 그곳에서 온갖 제사와 예식이 거행되었다.

그중 가장 큰 곳이 이방인의 뜰이었다. 이곳에서 온갖 상거래가 진행되고 있었다. 각국의 돈을 성전에 바칠 수 있는 동전으로 교환하는 곳도 이곳이었고, 제사에 쓸 비둘기에서 양에 이르기까지 온갖 동물을 사고파는 곳도 이곳이었다. 흥정하고, 잡고, 가르고, 태우고, 찢어 대는 곳. 가장 시끄럽고 번잡하며 온갖 협잡과 사기가 난무하는 장소가 바로 이곳이었다.

예수는 이방인의 뜰에 들어서자마자 소리를 지르며 상인들의 가판대와 의자를 뒤집어엎었다. 그리고 성전 뜰을 가로질러 물건을 나르는 것도 막았다. 예수를 따르던 제자들은 그의 느닷없는 행동에 당황하여 어쩔 줄 몰랐다. 예수는 제자들의 당혹함에도 아랑곳하지 않고 이방인의 뜰을 뛰어다니며 뒤집어엎고 발로 차며 엉망진창으로 만들었다.

예수의 갑작스러운 난동에 그곳에서 물건을 팔던 사람들은 같이 소리를 지르며 예수의 행동을 막아섰다. 이미 가판대가 엎어져 피해를 입은 상인들은 부서진 나무 자루를 쥐고 예수에게 달려들었다. 이러다가는 분노한 상인들에 둘러싸여 맞아 죽을지도 몰랐다. 제자들이 재빨리 달려와 예수 주변을 감쌌다. 예수의 분노는 조금도 사그라들지 않았다. 그는 뜰의 높은 곳에 올라가 소리를 질렀다.

"나가라, 다들 나가라. 이곳은 기도하는 곳이다.

너희 같은 강도들이 있을 곳이 아니다.

하느님의 분노가 너희에게 내릴 것이다.

이 성전은 무너질 것이다.

나가라! 다들 나가라!"

예수의 당당한 태도에 달려오던 상인들이 주춤하였다. 이 장면을 지켜보던 젊은 사람들이 예수의 행동에 "옳소!" 하고 외치며 박수를 쳤다. 어느새 뜰은 예수를 잡으려는 자들과 이를 막으려는 자들이 맞서 팽팽한 긴장감에 휩싸였다. 조금만 더 있다가는 거대한 소요가 일어날 것이 분명했다. 상인 중 몇몇이 이 난동을 보고하기 위해 제사장들과 율법학자들이 있는 곳으로 달려갔다.

이들의 다급한 보고를 받은 제사장들이 부리나케 이방인의 뜰로 달려왔다. 하지만 그곳에 예수는 없었다. 예수의 목숨이 위태롭다는 것을 감지한 제자들이 서둘러 그를 데리고 성전을 빠져나간 것이다.

하지만 난장으로 변한 이방인의 뜰은 아직도 수습이 끝나지 않은 채였다. 망가진 우리에서 풀려난 비둘기는 날아다니고, 동물들이 뛰어다녔다. 뒤집어진 가판대 앞에 주저앉아 망연자실하는 상인들도 있었다. 도망가는 동물을 쫓아 분주히 움직이는 상인들도 있었다. 땅에 떨어져 흩어진 동전을 다시 주워 전대에 넣는 환전상도 보였다. 어떤 사람들은 예수의 말이 옳다며 삼삼오오 모여서 예수의 이야기를 나누고 있었다. 예수의 난동에 대한 소식은 바람처럼 빠르게 퍼져 나가고 있었다.

제사장들은 대제사장인 가야바에게 가서 이를 보고하였다. 가야바는 화가 나서 탁자를 내리쳤다. 미꾸라지 한 마리가 개울물을 다 흐려 버린 꼴이었다. 이를 방관할 수는 없었다. 손해는 손해대로 아쉬웠지만, 그보다 더 무서운 것은 바람보다 빠르게 퍼지는 소문이었다. 이 소문을 그대로 두어서는 성전의 질서가 무너져 버리게 된다. 가야바는 애써 분노를 삭이며 이성적으로 생각하려고 애썼다. 그러고는 제사장들에게 이렇게 말했다.

"예수에 대한 소문은 익히 듣고 있었지만, 이토록 폭력적인 행동을 할 줄은 짐작하지 못했소. 이놈이 아마도 죽고 싶은가 보오. 갈릴리 촌구석에서나 먹히는 짓거리를 예루살렘 성전에서 하다니. 이것은 바로 우리에 대한 도전이오."

가야바 주변에 서 있던 제사장들이 맞장구를 쳤다.

"맞습니다. 가만두어서는 안 됩니다."

한 제사장이 말했다.

"하지만 예수를 따르는 무리가 빠르게 늘어나고 있습니다. 선불리 행동했다가는 오히려 낭패를 볼 수도 있어요."

그러자 불만스러운 목소리로 다른 제사장이 말했다.

"그럼 어쩌란 말이오. 이 사태를 그냥 지켜보고 있자는 말이오?"

그러자 앞서 말한 제사장이 대답했다.

"그냥 보고 있을 수만은 없지요. 하지만 신중에 신중을 기하자는 말이지요. 만약에 이 일을 제대로 수습하지 못하면 헤롯도 빌라도도 우리를 업신여길 겁니다."

헤롯과 빌라도의 이름이 거론되자, 다들 서로의 얼굴을 쳐다보며 누군가 이야기해 주길 기다렸다. 대제사장 가야바가 감았던 눈을 가늘게 뜨며 입을 열었다.

"우리 손에 피를 묻혀서는 안 되지요. 만약의 사태가 발생하더라도 우리는 안전해야 합니다. 대신 헤롯과 빌라도에게 이놈의 피를 묻힙시다."

신중파 제사장이 가야바에게 물었다.

"어찌하면 그렇게 될 수 있지요?"

가야바는 더 이상 말을 잇지 않았다. 대신 성전의 일꾼을 풀어 예수에 대한 소식을 알아보도록 지시를 내렸다. 적에 대한 정보는 많으면 많을수록 좋았다. 성전의 정보망은 넓고도 촘촘했다. 이곳은 예루살렘이었다. 예루살렘에서는 종교 권력 또한 로마 군대 못지않은 권력을 행사할 수 있었다. 돈은 사람을 부렸고, 돈을 원하는 사람들의 욕망을 자극했다. 돈이 곧 정보요, 힘이었다. 가야바는 누구보다 돈의 권능을 환히 꿰뚫어 보고 있었다.

[12] 《이사야서》 56장 7절. "내가 그들을 나의 거룩한 산으로 인도하여, 기도하는 내 집에서 기쁨을 누리게 하겠다. 또한 그들이 내 제단 위에 바친 번제물과 희생 제물들을 내가 기꺼이 받을 것이니. 나의 집은 만민이 모여 기도하는 집이라고 불릴 것이다."

[13] 구약성서인 《예레미야서》에는 이와 유사한 구절이 보인다. 7장 11절이다.
"그래, 내 이름으로 불리는 이 성전이, 너희의 눈에는 도둑들이 숨는 곳(강도의 소굴)으로 보이느냐? 여기에서 벌어진 온갖 악을 나도 똑똑히 다 보았다. 나, 주의 말이다."

[14] 《아모스서》 5장 21절~24절.

D-3
화요일

성전 파괴를
예언하다

예수께서 성전을 떠나가실 때에, 제자들 가운데서 한 사람이
예수께 말하였다.

"선생님, 보십시오! 얼마나 굉장한 돌입니까! 얼마나 굉장한
건물들입니까!"

예수께서 그에게 말씀하셨다.

"너는 이 큰 건물들을 보고 있느냐?
여기에 돌 하나도 돌 위에 남지 않고 다 무너질 것이다."

《마가복음》 13장 1절~2절

아침 일찍 예루살렘으로 다시 들어가는 예수의 무리는 발걸음이
가볍지 않았다. 어제 있었던 일로 인해 예루살렘 성전이 발칵 뒤집혔
다는 소식을 들었기 때문이다. 예루살렘성으로 들어가는 입구에서
낯선 자들이 예수의 무리를 따라왔다. 예수를 따르는 사람들은 이를
눈치챘다. 보통 첩보를 얻으려는 사람은 몰래 뒤를 따라오지만, 낯선

자들은 아예 노골적으로 자신의 정체를 드러내고 따라오고 있었다. 뭔가 분위기가 으스스했다.

하지만 예수는 그들이 따라오는 것을 알면서도 걸음을 늦추지 않았다. 마치 아무 일도 없는 것처럼 성전 안으로 들어갔다. 어제 가판대를 뒤집어엎었던 이방인의 뜰이었다. 예수가 등장하자 이방인의 뜰은 이내 술렁댔다. 어떤 상인은 급히 가판대를 거두기까지 했다.

예수는 아랑곳하지 않고 더 안쪽으로 들어가려고 성큼성큼 발길을 옮겼다. 그때였다. 대제사장들과 율법학자들이 예수의 앞을 가로막았다. 예수는 걸음을 멈추고 그들을 쳐다보았다. 나이가 지긋한 대제사장이 예수에게 말을 걸었다.

"우리는 어제 당신이 한 짓을 알고 있소. 도대체 무슨 권한으로 그러한 짓을 했단 말이오. 이곳이 우리의 관할인 것을 모르지는 않겠지?"

예수는 주위를 둘러보았다. 예수의 반응을 기대하는 군중들이 이 광경을 쳐다보고 있었다. 예수는 그들에게서 고개를 돌리고 질문을 한 대제사장에게 말했다.

"나도 그대들에게 궁금한 것이 하나 있습니다. 그 대답을 해 주시면 나 역시 그대들에게 대답을 해 드리겠습니다."

답변 대신 요청이 들어오자, 대제사장 무리는 귀찮은 듯이 서로를 쳐다보았다. 질문을 했던 대제사장이 말했다.

"우리의 질문에는 대답을 하지 않고 회피하면서, 다른 질문을 하는 무례를 범하였소. 그래, 그대의 질문은 무엇이오?"

예수는 그를 똑바로 쳐다보며 물었다.

"얼마 전에 헤롯의 감옥에서 억울한 죽음을 맞이한 세례자 요한 님의 권한은 하늘에서 온 것이오, 사람에게서 온 것이오?"

세례자 요한의 이름이 거론되자, 주변은 더욱 술렁이기 시작했다. 이스라엘 민중들은 세례자 요한을 진정으로 존경했기 때문이다. 그는 헤롯의 악정을 이야기하다 체포되어 재판도 없이 죽임을 당했다. 예수의 질문은 대제사장과 그 무리를 매우 곤란한 처지에 빠뜨렸다. 그들은 서로를 바라보며 조용히 의견을 나누었다. 세례자 요한의 권한이 하늘에서 왔다고 말하면 그들은 세례자 요한의 죽음을 방조한 잘못을 저지른 것이 될 테고, 사람에게서 왔다고 하면 세례자 요한을 따르는 많은 군중들이 그들을 가만 놔두지 않을 터였다. 세례자 요한은 죽었지만, 아직도 그를 믿는 군중들은 넘쳐 났다.

늙은 대제사장은 이 난처한 상황을 벗어나기 위해 무슨 말이든 해야 했다. 그는 떨리는 목소리로 자신 없이 대꾸했다.

"말하지 않겠소."

그 말을 들은 주변 사람들은 대제사장 무리를 향해 야유를 퍼부었다. 그들의 비겁함이 만천하에 드러나는 순간이었다. 예수는 손을 들어 무리를 조용히 시킨 후 말했다.

"그대들이 나의 질문에 대답하지 않았으니, 나도 그대들의 질문에 대답하지 않겠습니다."

주변에서는 박수가 터져 나왔다. 대제사장과 율법학자 무리는 황망히 그곳을 벗어나 성전 안쪽으로 들어갔다. 예수 역시 이방인의 뜰을 가로질러 여인의 뜰 입구 높은 곳에 섰다. 모여 있던 군중들이 예수를 쳐다보았다. 예수는 그들을 향해 말을 하기 시작했다. 예수가 입을 열자, 대제사장과 율법학자 무리들은 한구석에서 예수의 말을 엿들었다.

"한 포도원 주인이 있었습니다. 그는 포도원을 일구어서, 울타리를 세우고, 포도즙을 짜는 확도 만들고, 포도원을 지키는 망대도 세웠지요. 그리고 볼일이 있어 하인들에게 포도원을 맡기고 멀리 떠났습니다. 포도원에서 나오는 수입이 있으면 하인들과 나누기로 약속을 했지요. 수확할 시기가 되자 포도원 주인은 자신이 데리고 있던 하인 중 한 명을 파견하여 자신의 몫을 대신 받아 오도록 했습니다. 그런데 무슨 일이 벌어졌을까요?"

예수 주변에 모인 군중들은 어느새 예수의 이야기에 흠뻑 빠져들었다. 예수는 타고난 이야기꾼이었다. 예수는 잠시 뜸을 들이다가 다시 입을 열었다.

"포도원에서 일하는 하인들은 주인이 보낸 하인을 흠씬 두들겨 패고는 빈손으로 돌려보냈습니다."

주변에서 탄식 소리가 들려왔다.

"저런 나쁜 놈들이 있나."

맞장구 소리도 들렸다.

"그런 놈은 때려잡아야지요."

"그래서 주인은 다른 하인을 보냈습니다. 그런데 이번에는 이놈들이 그 하인을 때려죽였습니다. 보낸 하인이 돌아오지 않자, 주인은 계속해서 하인을 보냈지만 그들 역시 맞아 죽어 돌아오지 못했습니다. 그렇게 해서 주인의 마지막 하인까지 죽고 말았지요. 그 마지막 하인은 광야를 가로질러 낙타 옷을 입고 메뚜기와 야생 꿀로 삶을 이어 가며 포도원에 도착했지만 결국 죽고 말았습니다."

이야기가 여기에 이르자, 눈치 빠른 율법학자 한 명이 그들의 무리에게 말했다.

"지금 예수는 세례자 요한을 우리가 죽였다고 말하는 것입니다. 저놈은 우리더러 악덕한 포도원 하인이라고 말하고 있습니다. 저런 놈은 가만 놔둬서는 안 됩니다."

그러자 늙은 대제사장은 그들을 진정시키며 말했다.

"어찌 우리가 그 의미를 모르겠소. 하지만 이야기를 듣고 있는 사람들도 예수의 이야기에 열광하고 있으니 지금 우리가 나섰다가는 봉변을 면치 못할 것이오. 신중하시오."

이야기는 어느덧 절정을 향해 치닫고 있었다. 예수는 오히려 목소리를 낮춰 말했다.

"그래서 이제 포도원 주인에게는 그의 하나뿐인 아들만 남았습니다. 이 아들을 보내며 주인은 생각했습니다. '다른 하인들은 때려죽였지만, 그들도 나의 아들은 존중하겠지.' 드디어 포도원 주인은 아들더러 포도원에 다녀오라고 말했습니다."

주변이 조용해졌다. 뜰에서 장사를 하던 사람들도 예수의 말을 경청하며 다음 이야기가 이어지기만을 기다렸다.

"아들이 도착하자 포도원의 하인들은 이렇게 의논했습니다. '하나밖에 없는 아들이 왔다. 저놈만 죽이면 포도원은 우리 차지가 될 것이다.' 그리고 그들은 아들을 잡아서 때려죽인 다음 포도원 바깥에 내다 버렸습니다."

군중들은 술렁대기 시작했다. 사방에서 "저런 죽일 놈들이 있나.", "어찌 아들마저 죽이는 짐승 같은 짓을 할 수 있단 말인가!", "천벌을 받을 놈들!" 하고 분노의 소리가 터져 나왔다. 예수는 그들의 목소리를 들으며 군중에게 물었다.

"여러분, 그렇다면 포도원 주인은 아들을 죽인 하인들에게 포도원을 넘겨줄까요? 그놈들을 심판할까요?"

군중은 한목소리로 외쳤다.

"그런 놈들은 죽여야 합니다."

"그놈들을 심판합시다."

군중이 한목소리로 외치자, 대제사장과 율법학자 무리들은 황급히 그곳을 벗어났다. 예수를 궁지에 빠뜨리려다가, 오히려 자신들이 봉변을 당한 꼴이었다. 분하지만 그곳에서 벗어나는 것이 상책이었다. 성난 불길에 기름을 부을 필요는 없으니까. 그들은 가야바 대제사장의 거처로 달려가 이 상황을 보고하였다. 가야바는 부들부들 떨며 소리쳤다.

"예수 이놈의 세 치 혀를 뽑아 버리고 말 테다. 명색이 대제사장과 율법학자들이 몰려가 그놈 하나 감당하지 못한단 말이오. 당신들은 도대체……."

그때 이 사태를 곁에서 지켜보던 헤롯왕의 신봉자가 정중하지만 비웃음이 섞인 목소리로 말했다.

"이래서 점잖은 분들에게 일을 맡기면 안 된다니까. 올가미를 씌우려면 벗어날 수 없게 씌워야지. 그렇게 느슨하게 상대방을 옭아매서야 잡을 수가 있겠습니까?"

가야바는 못마땅한 표정으로 헤롯왕의 하수인을 바라보았다.

"그럼 당신들은 예수를 잡아들일 비책이라도 있단 말이오?"

하수인은 대답 대신에 동전 하나를 그들에게 보여 주었다. 모두들 그 행동이 도대체 무엇을 뜻하는지 이해하지 못했다. 오직 가야바만이 그 의미가 무엇인지 이해하고 독사 같은 눈빛으로 그에게 말했다.

"좋은 수요. 그 수라면 예수도 꼼짝 못 하겠구먼. 쿡쿡."

다들 어리둥절해하고 있는데, 헤롯왕의 신봉자는 그들에게 간단히 인사를 한 후 가야바의 방을 떠났다. 가야바는 수족같이 부리는 제자 한 사람에게 그의 뒤를 밟아 어떻게 일을 처리하는지 보고 와서 전달하라고 지시했다. 가야바의 제자는 황급히 방을 나섰다.

그들이 예수에게 접근했을 때, 예수는 제자들과 함께 몰려드는 군중 속에서 이야기를 나누고 있었다. 계단에 둘러앉거나 주변에 서 있는 무리들이 제법 많았다. 헤롯왕의 신봉자와 가야바의 제자는 그들 무리 속에 자연스럽게 섞여 들어갔다. 예수는 무리들의 질문에 막힘없이 대답하고 있었다. 모두들 예수의 말을 들으며 경탄하고 고개를 끄덕였다. 기회를 노리고 있던 헤롯왕의 신봉자는 일어나 예수에게 예를 표하며 말했다.

"선생님, 선생님의 말씀을 들으니 속이 다 후련합니다. 선생님의 말씀은 정말로 진실되고 막힘이 없군요. 선생님께서는 질문하는 사람들을 가리지 않고 참된 말씀을 전하십니다. 그래서 제가 오래전부터 궁금해하던 질문을 감히 선생님께 여쭙습니다."

예수는 웃으며 그를 쳐다보았다. 헤롯왕의 신봉자가 눈빛을 고치고 예수에게 물었다.

"로마 황제에게 세금을 바치는 게 옳습니까, 옳지 않습니까? 우리는 우리를 억압하는 황제에게 세금을 내는 것이 부당하다고 생각합니다. 그러면 우리의 생각에 따라 내지 말아야 합니까? 내야 합니까?"

질문은 독사와 같이 혀를 날름거리며 예수의 목을 옥죄었다. 주변의 사람들도 질문의 독기를 느낄 수 있을 정도였다. 예수의 제자들은 당황하여 질문자를 노려보았다. 질문자는 제자들의 눈빛을 피하지 않고 그들을 향해 동전을 보였다. 주위는 일시에 조용해졌다. 가야바의 제자도 이 질문을 듣고 소름이 돋았다. 대답 한 번 잘못하면 지옥으로 떨어지는 독한 질문이었다. 로마의 반란자가 되도록 선동하는 질문이었다. 죽음으로 향하는 질문이었다. 그는 질문자와 예수를 번갈아 쳐다보았다.

예수는 질문자를 불쌍한 듯 쳐다보다가, 그에게 다가오라고 말했다. 질문자는 당당히 예수의 앞으로 다가갔다. 자신의 승리는 명확해 보였다. 세금을 내라고 하면 민족의 비겁자로 전락할 것이고, 내지 말라고 하면 로마의 반란자로 고발당할 것이다. 진퇴양난, 어느 대답도 예수에게 유리하지 않았다. 올가미는 이렇게 씌우는 것이라고 속으로 쾌재를 불렀다. 예수는 그에게 동전을 달라고 말했다. 그는 흔쾌히 예수에게 동전을 건넸다. 예수를 잡을 수 있다면 그깟 동전쯤은 열 개를 줘도 아깝지 않았다. 자신은 백배 천배의 보상을 받을 테니까.

예수는 그를 향해 동전을 들어 보였다. 그러고는 무엇이 보이냐고 물었다. 그는 비웃으며 대답했다.

"그야 로마 황제의 얼굴이 보이지요."

그러자 예수가 대답했다.

"이게 나의 대답입니다. 대답이 되었습니까, 형제여?"

예수의 대답에 당황한 헤롯왕의 신봉자는 무슨 의미인지 모르겠다는 표정으로 예수를 쳐다보았다. 그러자 예수는 그 동전을 높이 들어 주변의 사람들에게 말했다. 사람들은 예수가 들어 보인 동전에 시선을 고정했다.

"이 동전에는 로마 황제의 얼굴이 새겨져 있습니다. 당연하지요. 로마 황제의 명령으로 만든 것이니까요. 성전에서 로마 황제의 얼굴을 새긴 동전이 필요합니까?"

사람들은 그제야 예수가 한 말의 의미를 깨달았다. 성전에 바치는 돈은 모두 이스라엘의 동전이었다. 그래서 이스라엘 사람들은 성전세를 바치려면 로마의 동전을 이스라엘의 동전으로 바꿔야 했다. 성전에서는 불결한 동전을 사용하지 못하도록 되어 있기 때문이다. 예수는 질문자를 향해 조용히 대답했다.

"로마 황제의 것은 로마 황제에게 돌려주시오. 그리고 하느님의 것을 하느님께 드리시오."

주변의 사람들은 모두 고개를 끄덕이며 박수를 쳤다. 로마의 지배하에서 억압당하던 그들의 틀어막혔던 마음이 시원하게 뚫린 것만 같았다. 예수에게 씌우려던 올가미는 풀렸고, 군중에게 씌워졌던 의심의 올가미도 풀렸다. 질문자는 예수의 손에 있던 동전을 빼앗듯 돌려받고 군중의 곁을 떠났다. 가야바의 제자는 예수의 지혜에 경탄을

금치 못했다. 그래서는 안 되지만 오래전부터 품어 왔던 궁금증을 이 자리에서 풀어 보고 싶었다. 자신이 속해 있는 제사장 그룹은 사두개파라 부활 따위를 믿지 않았다. 그런데 사두개파 사람들을 제외하고는 모두 부활을 믿고 있었다. 그는 용기를 내어 예수에게 물었다.

"선생님, 모세님의 율법에 따르면 형이 자식 없이 아내만 남기고 죽으면, 동생이 형수를 아내로 맞아들여 그의 형에게 대를 이을 자식을 낳아 주어야 한다는 말이 있습니다. 그런데 부활이 있다면 먼 훗날 형도 형수도 동생도 다 부활할 텐데, 그때 형수는 형의 아내가 됩니까, 동생의 아내가 됩니까?"

재미난 질문이었다. 그러나 동시에 대답하기 곤란한 질문이었다. 예수는 웃으며 그에게 말했다.

"형제여, 그대는 형수를 아내로 맞이했습니까?"

다들 웃으며, 예수의 질문을 들었다. 가야바의 제자는 얼굴을 붉히며 아니라고 말했다. 그러자 예수가 말했다.

"그러면 무슨 걱정입니까? 그리고 사람이 부활할 때에는 장가도 가지 않고, 시집도 가지 않고, 천사와 같이 하느님과 함께할 것입니다. 그리고 모세님이 하느님을 뵈었을 때, 하느님께서는 말씀하셨습니다. '나는 아브라함의 하느님이요, 이삭의 하느님이요, 야곱의 하느님이다'라고요. 하느님은 죽은 사람의 하느님이 아니라, 여러분과 같이 살아 있는 사람의 하느님이십니다. 부활은 나중에 걱정하시고, 형제와 함께하시는 하느님을 느끼시길 바랍니다."

다들 웃으며 박수를 쳤다. 가야바의 제자 역시 예수의 대답에 쑥스러운 듯, 창피한 듯 웃었다. 그러면서 어느덧 자신이 예수에게 흠뻑 빠져 있음을 깨닫고 걱정이 몰려왔다. 가야바에게 돌아가서 뭐라고 말할지 걱정이었다. 그는 자신과 예수가 나눈 이야기는 말하지 않기로 결심했다.

예수 주변에서 그의 말을 듣던 한 노인이 예수에게 물었다.

"선생님, 내가 오랫동안 율법을 읽어 왔지만 깨달음이 적었는데, 오늘 말씀을 가만히 들으니 눈이 뜨이는 것 같습니다. 이제 살날도 얼마 남지 않은 늙은이를 가엾게 여기시고 저의 어리석은 질문을 들어 주시겠습니까?"

예수는 일어나 지팡이를 짚고 있는 노인에게 다가가서 말했다.

"영감님. 무엇이 궁금하십니까? 제가 성심성의껏 대답하겠습니다."

노인은 물기 촉촉한 눈빛으로 예수에게 나지막이 물었다.

"모든 율법 가운데 가장 으뜸이 되는 것은 무엇입니까? 이제 늙어 기억력이 점점 사라져 갑니다. 선생님께서 하시는 한 말씀을 듣고 그 말씀만 새기고자 합니다."

예수는 노인의 손을 부드럽게 잡고 대답해 주었다.

"하느님을 사랑하십시오. 그리고 이웃을 자신의 몸처럼 사랑하십시오. 그것만 기억하시면 됩니다."

노인은 예수를 힘겹게 부둥켜안으며 말했다.

"그렇군요. 그게 다군요. 온갖 제사를 지내는 것보다 하느님을 사랑하고, 이웃을 사랑하는 것이 낫겠군요. 고맙습니다. 이 늙은이가 가야 할 길을 환히 알려 주셨습니다. 내 이제 남은 생애 동안 선생님의 말씀을 따르겠습니다."

예수 역시 노인을 꼭 껴안으며 말했다.

"영감님, 영감님은 하느님의 나라에 가까이 와 계십니다. 평안하십시오."

주변의 사람들이 모두 감격하여 눈물을 흘렸다. 노인의 눈에서도 뜨거운 눈물이 흘렀다. 아무도 더 이상 질문을 하지 않았다. 서로가 서로에게 평안을 빌어 주었다. 샬롬! 그대들에게 평안이 깃들기를.

예수를 따르던 제자들은 기분이 우쭐해졌다. 어제 석성하던 위험 사태는 일어나지 않았다. 아침부터 따라오던 수상한 무리들도 어느새 사라지고 없었다. 제자들은 자신이 따르는 예수가 정말 자랑스러웠다. 자신들도 난처했던 질문들에 예수는 지혜롭게 대처해 나갔다. 아니, 대처해 나가는 데서 그치지 않고 주변을 감동시키고 자신의 편으로 만들었다. 그들이 보기에 예수는 민족의 지도자로서 손색이 없었다. 조금만 더 분위기가 무르익으면 부패한 세력들을 몰아내고, 성전의 권력을 장악할 수 있을 것 같았다. 그렇게만 된다면, 예수를 따르던 자신들은 모두들 성전에서 중요한 역할을 담당하며 이스라엘 전체를 바꿀 수 있으리라. 그동안 함께 지내며 고생했던 나날들의 피로가 눈 녹듯이 사라지는 것만 같았다.

힘차게 성전 문밖으로 빠져나온 제자들 중 한 명이 예수에게 환하게 웃으며 말했다.

"선생님, 저 예루살렘 성전의 웅장함을 보십시오. 돌 하나가 사람보다 큽니다. 정말 굉장하지요."

제자는 마치 그곳이 자신의 집이라도 되는 양 의기양양해졌다. 다른 제자들도 덩달아 고개를 끄덕이며 동조했다. 그때 예수가 말했다.

"여러분의 눈에는 성전의 웅장함이 보이십니까? 제 눈에는 성전이 통곡하는 소리가 들립니다. 이 성전은 무너질 것입니다. 돌 위에 돌 하나도 남지 않을 것입니다."

청천벽력 같은 소리였다. 들어서는 안 될 소리였다. 불길한 소리였다. 제자들은 예수가 한 말이 믿기지 않는다는 듯 예수의 얼굴을 쳐다보았다. 감히 누구도 왜 그러한 얘기를 했는지 묻지 못했다. 갑자기 침묵이 흘렀다. 예수는 대답 대신 발길을 베다니가 아니라 올리브산 쪽으로 돌렸다. 오늘은 올리브산에서 지내며 기도를 하자고 말했다. 제자들은 말없이 예수의 뒤를 따랐으나 스승을 이해할 수가 없었다. 예수는 슬픔의 순간에도 하느님 나라를 이야기하며 기쁨을 전하는 사람이었다. 가난과 고통에 처해 있는 사람들에게 그들이 하느님 나라의 백성이라며 위로했던 사람이었다. 하느님 나라가 가까이 왔으니 서로 사랑하고 도우라고 용기를 주는 사람이었다. 위험한 고비가 있었지만 항상 지혜로 이를 극복한 스승이었다. 오늘도 제자들은 예수와 함께한 기쁨을 풍족하게 맛보았다. 정말 하느님 나라가 가까이 왔다는 믿음을 갖게 되었다. 성전은 정화되고, 불의한 세력은 쫓겨나며, 하느님의 심판이 멀지 않았다고 말씀하지 않았던가. 그런데 갑자기 성전이 무너진다니? 돌 하나도 남지 않는다니?

제자들은 예수를 따라 고난에서 영광의 길로 가고 있다고 믿었다. 이제 승리의 길만이 남아 있었다. 그 승리의 최종 도착지는 예루살렘 성전이었다. 모든 이스라엘 사람들이 우러러 마지않는 곳, 하느님이 거하신다는 빛나는 성전, 이스라엘인이 노예 생활에서 벗어나 다시 고향으로 돌아왔을 때 제일 먼저 한 일이 예루살렘 성전을 세우는 것이었다. 이스라엘의 중심이자 사랑이고 영광인 예루살렘 성전이 무너진다니. 그래서는 안 되었다. 그것은 상상조차 할 수 없는 일이었다. 분명 예수님이 실언을 하셨을 것이다. 그렇게 믿고 또 믿고 싶었다. 자신들의 믿음을 예수에게 묻고 또 묻고 싶었다.

그러나 감히 묻지 못했다. 물을 수 없었다. 혹시나 자신들이 의심하던 것을 다시 확인하게 될까 봐 불안하고 두려웠다. 의혹은 점점 커져 가고, 발걸음은 점점 무거워졌다. 어느덧 그들은 산어귀 숲으로 들어왔다. 예수가 발걸음을 멈췄다. 제자들을 둘러보며 오늘은 여기서 머물자고 말했다. 깨어 기도하자고 말했다.

저녁노을이 지고 있었다. 올리브산에서 바라보는 예루살렘 성전이 붉게 물들고 있었다. 낮에 보았던 광휘와는 다른 빛깔이었다. 마치 성전 전체가 피를 흘리고 있는 듯 음산해 보였다. 제자들은 예수와 함께 앉아 그 광경을 말없이 쳐다보았다. 몸속으로 차가운 기운이 스며드는 것 같았다. 붉은 기운조차 빛을 잃고, 어느새 어둠이 짙게 드리우고 있었다.

*   *   *

다들 불안과 슬픔에 잠겨 잠이 들었다. 예수는 숲의 공터에 피워 놓은 모닥불 곁에 앉아 기도를 드리고 있었다. 예수의 곁을 막달라 마리아가 지키고 있었다. 예수가 조용히 눈을 뜨자, 마리아는 부드럽게 예수에게 물었다.

"성전에서 말씀하신 포도원 주인의 이야기를 듣고 잠이 오지 않았어요. 선생님, 포도원 주인의 아들이 선생님이시라면, 정녕 포도원의 하인들은 선생님을 죽이게 될까요? 그런데도 선생님은 계속 죽음을 무릅쓰고 예루살렘 성전으로 가시려는 건가요?"

예수는 마리아를 지그시 바라보며 말했다.

"마리아여, 하느님의 뜻을 따르는 사람들은 죽음을 두려워해서는 안 돼요. 세례자 요한 님이 죽음을 무서워했다면 하느님의 말씀을 전할 수 있었을까요? 저는 집을 나와 요한 님과 함께했지요. 요한 님은 억울하게 죽음을 맞이하셨지만, 요한 님을 따르는 제자들은 지금도 그분의 뜻에 따라 살아가고 있어요. 저와 마리아처럼요. 하느님 나라는 하루아침에 만들어지지 않아요. 우리는 그저 하느님의 뜻에 따라 살아 있는 동안 하느님 나라의 백성으로 살아가는 거예요."

마리아는 예수를 슬픈 듯이 바라보았다.

"하지만 저는 선생님이 돌아가실까 봐 두려워요. 선생님이 안 계신 세상을 상상하고 싶지도 않아요. 예루살렘 성전 구경은 충분히 했으니까 갈릴리로 돌아가면 안 될까요?"

예수는 마리아의 손을 잡고 말했다.

"저도 저의 죽음이 두렵답니다. 죽음을 두려워하지 않는 사람은 없어요. 그렇지만 저는 하느님의 뜻을 어기는 것이 더욱 두려워요. 하느님 나라는 성전 밖에 있는 것이 아니라 성전 너머에 있어요. 성전을 벗어나야 하는 것이 아니라 성전을 통과해야 해요. 과거의 성전을 헐어 버리고 새로운 성전을 우리 마음에 지어야 해요.

마리아여, 힘들지만 우리는 다시 성전으로 가야 해요. 성전과의 싸움을 끝내야지요. 그 싸움 끝에 누군가는 죽고 누군가는 살겠지만, 죽어야 사는 삶이 있고, 살아도 죽어 버린 삶이 있어요. 우리는 죽어도 죽지 않는 삶의 길을 택한 사람들이에요. 우리는 영원히 죽지 않는 삶을 살아가는 사람들이에요. 믿으세요. 하느님이 자매님과 함께 할 것입니다."

마리아는 묵묵히 예수의 말을 새겨들었다. 그렇지만 마리아의 마음속에는 수많은 말들이 아우성치고 있었다. 죽어야 사는 길은 아득했고, 살아서 죽는 길은 막막했다. 어느 길을 좇아야 할지, 정녕 다른 길은 없는 것인지 스승에게 묻고 또 묻고 싶었다. 그냥 갈릴리로 돌아가 가난하지만 선한 사람들과 조용히 살아가면 안 되는 것인가? 스승을 죽이려고 안달하는 사람들 속으로 다시 들어가야 하는가? 마리아는 예수와 함께 지냈던 즐거웠던 날들이 순식간에 사라져 버릴 것만 같은 두려움에 몸을 떨며 잠을 이루지 못했다. 어느덧 먼동이 트고 있었다.

D-2
수요일

유다,
배반을
약속하다

열두 제자 가운데 하나인 가룟 유다가,

대제사장들에게 예수를 넘겨줄 마음을 품고, 그들을 찾아갔다.

그들은 유다의 말을 듣고서 기뻐하여, 그에게 은돈을 주기로

약속하였다.

그래서 유다는 예수를 넘겨줄 적당한 기회를 노리고 있었다.

《마가복음》 14장 10절~11절

한때는 열심당원이었으나 이제 예수의 열렬한 제자가 된 가룟 유다는 어젯밤에 선생님이 한 말씀을 도저히 믿을 수가 없었다. 예수를 따라다니며 온갖 고생을 해 온 그로서는 도저히 납득할 수 없는 얘기였다. 유다는 예수를 메시아라고 생각했다. 메시아라면 응당 로마 제국을 몰아내고, 부패한 성전 권력을 뒤엎고, 친로마적인 헤롯 일당을 일소한 후 이스라엘의 해방을 선포해야 했다.

5년 전 가룟 유다는 무력 혁명을 꿈꾸며 열심당에 가입했다. 가

나안 출신의 시몬도 열심당원이었다. 그들은 품 안에 단도를 지니고 다녔다. 언제든지 이스라엘의 반역자를 처단할 준비가 되어 있었다. 산이나 광야로 나가 함께 이스라엘의 해방을 이야기하며 혁명을 일으킬 방안을 밤새도록 토론하기도 했다. 동료들과 함께 갈릴리에 있는 세포리스[15]의 반란에도 참여했었다. 세포리스는 로마 권력에 아부하기 위해 새로 지은 신도시였다. 그곳은 로마 권력과 그들과 결탁한 자들이 모여드는 상업 도시였다. 이국적인 건물과 물건이 넘쳐 났다. 번화한 상가와 흥청망청하는 술집도 즐비했다. 심지어 로마의 신들을 섬기는 신전도 있었다. 부정과 부패, 타락과 환란의 상징과도 같은 도시였다. 그 도시만 점령할 수 있다면, 로마 제국을 무너뜨릴 교두보가 확보된다고 열심당원들은 확신했다. 그래서 모든 혁명 세력들이 그곳으로 가서 소란을 일으키고 이스라엘의 배신자들을 암살하기도 했다.

하지만 혁명은 물거품처럼 실패로 끝나고 말았다. 로마의 정예 군단이 그곳에 도착하여 아예 도시를 부숴 버리고, 반란자들을 학살하고, 그래도 성에 차지 않았는지 수백 개의 십자가를 세우고 혁명 동지들을 매달아 죽을 때까지 전시했다. 열심당 동료였던 시몬과 가룟 유다는 그곳에서 간신히 탈출하여 광야로 도피했다. 죽을 고비를 얼마나 많이 넘겼던가. 상상만 해도 끔찍한 나날이었다.

신분을 숨기고 도피 생활을 하던 중 갈릴리 청년 예수의 이야기를 듣게 되었다. 그의 강렬한 언사는 잔존했던 혁명 세력에게 복음과 같은 소식이었다. 가룟 유다에게 예수는 새로운 혁명의 지도자였다. 예수를 만나 누구보다 열심히 그를 보필했다. 회계를 담당하면서 예수를 따르는 무리에게 불편함이 없도록 최선을 다해 보살폈다. 예수와 함께 지낸 지 벌써 1년이 다 되어 간다. 예수는 가는 곳마다 사람들을 모이게 했다. 그는 가난한 자에게 용기를, 병든 자에게 치유를, 죄 많은 자에게 용서를 베풀었다. 하늘로부터 온 사람이 아니고서는 불가능한 일이었다. 가룟 유다는 바로 그 곁에서 예수가 행하는 기적 같은 일들을 모두 생생하게 경험하였다.

예수의 카리스마는 이전의 그 어떤 지도자보다 뛰어났다. 항상 민중과 함께하며 그들과 먹고 마셨다. 민중들이 이해하기 쉬운 말로 하느님 나라를 선포했다. 지식인들과 논쟁하면서 단 한 번도 물러서지 않고 그들의 주장을 논박했다. 실로 통쾌함의 연속이었다. 예수를 따르는 무리들이 점점 많아졌다. 유다는 흥분했다. 과거의 어느 지도자가 이처럼 부드럽게 지지자를 모을 수 있었던가.

그의 웃음은 어떠한 분노보다도 더 큰 불씨를 민중의 마음에 불러일으켰다. 그의 온화한 말씀은 어떠한 날카로운 칼보다도 더 강하게 사람들의 마음을 파고들었다. 그의 욕심 없는 마음은 부자들의 지갑을 열게 하고, 완고한 자들의 대문을 활짝 열어젖히게 만들었다. 심지어 집 안에서 살림을 하던 여성들도 예수를 따라 나섰다. 세례자 요한의 제자들도 요한이 죽자 예수를 따라 나섰다. 그가 가는 곳마다 잔치가 열렸고, 잔치 자리에서는 놀라운 이야기들이 오갔으며, 그 모든 사건의 귀착점은 하느님 나라였다.

예수는 하느님 나라가 가까이 왔다고 선포했다. 가룟 유다는 예수가 많은 무리들에게 이야기했던 하느님 나라 이야기를 지금도 생생히 기억하고 있었다.

"가난한 사람들은 복이 있습니다. 하느님의 나라가 여러분의 것입니다.

지금 굶주리는 사람들은 복이 있습니다. 여러분은 배부르게 될 것입니다.

지금 슬피 우는 사람들은 복이 있습니다. 여러분이 웃게 될 것입니다.

사람들이 여러분을 미워하고, 저 때문에 여러분을 배척하고, 욕하고, 여러분의 이름을 악하다고 내칠 때에는, 여러분에게는 복이 있습니다.

그날에 기뻐하고 뛰노십시오. 보십시오, 하늘에서 받을 여러분의 상이 큽니다. 그들의 조상들도 예언자들을 지금과 같이 박해했습니다.

그러나 부유한 사람들은 화가 있습니다. 여러분은 스스로 위안을 받고 있기 때문입니다.

지금 배부른 사람들은 화가 있습니다. 그들은 굶주리게 될 것이기 때문입니다.

지금 웃는 사람들은 화가 있습니다. 그들은 슬퍼하며 울 것이기 때문입니다.

모든 사람이 그들을 좋게 말할 때에, 그들에게는 화가 있습니다. 그들의 조상들이 거짓 예언자들에게 이와 같이 행하였습니다."[16]

이 얼마나 놀라운 선포인가? 이전의 어떤 혁명가들도 이처럼 노골적으로 하느님 나라를 선포한 적이 없었다. 가룟 유다는 이 말을 들을 때 전율을 느꼈다. 바로 자신에게 하는 이야기였다. 그동안 탄압받았던 모든 혁명 세력에게 던지는 초대장이었다. 가난하고, 굶주리고, 슬피 울고, 갇히고 억압받은 모든 자들에게 복이 있을진저! 로마 제국과 결탁하여 부자가 되고, 웃고 마시며, 칭찬을 듣던 모든 권력자와 지식인들에게 화가 있을진저! 마땅히 하느님의 나라는 이러해야 했다. 가룟 유다는 몇 번이고 "옳소!"를 외치며 예수의 밀에 환호했다.

그런데 그 예수가, 자신이 그토록 믿고 따르던 예수가, 승리를 약속하고 혁명을 결행해야 할 예수가 변했다. 혹시나 혁명이 실패할까봐 두려워졌나? 로마군의 위용을 보더니 기가 죽었나? 그도 아니면 그의 곁을 지키던 여인들의 영향을 받아 마음이 약해졌나? 그렇지 않고서야 어찌 이리도 약한 모습을 보인단 말인가? 며칠 전 성전에서의 그 당당한 모습은 도대체 무엇이었다는 말인가? 세례자 요한을 옹호

했던 그 담대함은 도대체 어디로 사라졌단 말인가?

　가롯 유다는 너무도 혼란스러워 갈피를 잡을 수가 없었다. 그래서 아침 녘에 베다니로 향하는 예수의 무리에서 벗어나 홀로 예루살렘 쪽으로 향했다. 예루살렘 쪽의 동정을 살펴보고 싶어졌다. 분명 예루살렘에서는 예수에게 용기를 불러일으킬 새로운 소식이 있을 것이다. 그는 그렇게 생각했다. 다시금 유다는 용기를 내었다. 아니, 용기를 내야 했다. 예수 주변의 나약한 무리와는 달라져야 했다. 어느덧 가롯 유다는 예루살렘 성전으로 들어가고 있었다.

　베다니로 향하는 예수의 무리 중에 예수의 최초의 제자였던 베드로와 안드레, 야고보와 요한도 혼란스럽기는 가롯 유다와 마찬가지였다. 예수는 올리브산에서 다른 제자들에게 기도를 하라고 말한 다음 이들을 따로 불러서 더 깊은 안쪽으로 데리고 들어갔다. 제자들 중 누구보다 먼저 예수를 따라다녔지만, 누구보다도 예수의 마음을 이해하지 못하는 자들이었다. 오죽했으면 수제자로 불리는 시몬에게 '베드로(바위)'라는 별명을 지어 주었겠는가. 야고보와 요한 역시 마찬가지였다. 그들은 툭하면 화를 내서 '우레의 자식들'이라는 별명을 갖고 있었다. 그들은 예수가 어제저녁에 자신들에게 해 준 이야기를 기억하며, 두려움에 몸서리를 쳤다. 예수는 말했다.

　"앞으로 저에게 벌어질 일들에 대해 놀라지 마십시오.

누구에게도 속지 않도록 조심하십시오. '내가 그리스도다.'라고 말하며 많은 사람을 속이는 이를 조심하십시오.

전쟁의 소식이 들리거나 전쟁이 일어난다는 소문이 들리더라도 놀라지 마십시오. 전쟁은 반드시 일어날 것입니다. 그러나 그것이 끝이 아닙니다.

곳곳에서 민족과 민족이 맞서 일어나고, 나라와 나라가 맞서 일어날 것이며, 지진이 곳곳에서 일어나고, 기근이 들 것입니다. 이런 일들은 진통의 시작입니다.

스스로 조심하십시오. 사람들이 여러분을 법정에 넘겨줄 것이며, 여러분은 회당에서 매를 맞을 것입니다. 저 때문에 총독들과 임금들 앞에 서게 되고, 그들에게 증언할 수도 있습니다.

사람들이 여러분을 끌고 가서 넘겨줄 때에, 여러분은 무슨 말을 할까 하고 미리 걱정하지 마십시오. 성스러운 영혼이 여러분을 도우실 것입니다.

형제가 형제를 죽음에 넘겨주고, 아버지가 자식을 또한 그렇게 하고, 자식이 부모를 거슬러 일어나서 부모를 죽일 것입니다.

여러분은 저 때문에 모든 사람에게서 미움을 받을 것입니다. 그러나 끝까지 견디십시오."

야고보와 요한은 예수가 권력을 잡으면 자신들이 중책을 맡게 되리라고 생각했었다. 그러나 어젯밤 예수의 이야기는 그런 이야기가 아니었다. 잡히고 끌려가 매 맞고 갇히고 죽는다는 얘기였다. 그런데도 걱정하지 말라니, 어떻게 걱정하지 않을 수 있다는 말인가. 베드로는 예수가 혁명에 실패할 것을 걱정하는 것이라 생각했다. 이번은 기회가 아니라고 생각하고 있다고 믿었다. 그렇다면 뒤로 물러서서 다음을 기약하면 된다. 올해가 안 된다면 내년을 기약하며 다시 세력을 모으면 된다. 베드로는 예수의 자신 없는 모습을 보자 덩달아 자신이 없어졌다. 혹시 예루살렘이 아니라 베다니로 향하는 것은 퇴각 신호인가? 그렇다면 다행이다. 예수는 무모한 사람이 아니었다. 무리해서 혁명을 밀어붙이다가 죽어 간 이들을 얼마나 많이 보았던가. 그런데 왜 어젯밤에 그런 끔찍한 이야기를 했단 말인가? 의혹에 의혹이 꼬리를 물었다. 자신감은 어느덧 불안감으로 변했다. 베다니로 향하는 발걸음이 천근만근 무거웠다.

베다니에 이르렀을 때, 예수의 일행은 나사로의 집으로 향하지 않았다. 대신 나병 환자였다가 치유를 받은 시몬의 집으로 향했다. 나사로의 집에 비하면 그곳은 참으로 누추한 곳이었다. 하지만 예수는 굳이 그곳으로 향했다. 나병 환자였던 사람의 집을 찾는 이가 없었기 때문일까. 유월절 이틀 전인데도 축제 분위기가 느껴지지 않았다. 모두들 조용히 저녁 식사를 마쳤다. 식사를 마친 후에도 조용히 한방에 머물고 있었다. 그때였다. 예루살렘으로 동정을 살피러 갔던 가룟 유다가 돌아왔다. 그가 들어오는 것을 지켜보던 베드로가 말했다.

"도대체 어디를 갔더란 말이오. 그대가 보이지 않기에 우리는 도망을 갔나 생각했소."

성마른 야고보가 말했다.

"이 막중한 시국에 어디를 돌아다니다 온 것이오. 혹시 옛 동지들이라도 만났소?"

가룟 유다는 물 한 잔을 들이켜며 말했다.

"성전에 들어갔다가 오는 길입니다. 성전에서는 예수님 이야기로 시끌시끌합니다. 몇몇 사람은 거사일은 언제냐고 물어보기도 했습니다."

거사일이라는 말에 다들 눈을 크게 뜨고 유다를 바라보았다. 야고보가 재차 물었다.

"그래 뭐라고 답했소?"

그러자 가룟 유다는 예수가 들으라는 듯이 말했다.

"내 어찌 알겠습니까. 예수님이 정하는 날이겠지요. 아직은 모른다고 말했습니다. 그렇게 말하자 다들 실망하는 눈치가 이만저만이 아니었습니다. 심지어 어떤 사람은 '당신의 스승은 도대체 어디 있소?'라고 재차 묻더군요. 베다니로 되돌아갔다는 이야기는 차마 못했습니다. 그냥 아무 말 하지 않고 이곳으로 왔습니다."

제자들은 예수를 쳐다보았다. 하지만 예수는 말없이 앉아 있었다. 그때였다. 막달라 마리아가 예수의 곁으로 다가왔다. 그러고는 가슴에 품고 있던 나드 향유 옥합을 깨뜨려 예수의 머리에 부었다.[17] 그 향유는 마리아가 평생을 간직해 온 값비싼 것이었다. 다들 놀란 표정으로 이 광경을 지켜보았다. 더 놀라운 것은 갑작스러운 가룟 유다의 고함이었다.

"마리아, 도대체 무슨 짓을 하는 겁니까? 삼백 데나리온[18]이나 되는 향유를 그렇게 낭비한단 말입니까? 제정신입니까? 그것을 팔아 가난한 사람에게 나눠 주면 얼마나 많은 사람이 굶주림에서 벗어날 수 있는지 생각이나 해 봤습니까?"

가룟 유다의 계산법에 다들 더욱 놀라워했다. 물건의 가격을 정확히 알고 있는 것도 놀라웠지만, 그 셈법으로 민중을 구제하는 용도까지 말하는 것은 보기 드문 일이었다. 가룟 유다의 책망에도 불구하고, 막달라 마리아는 조용히 그 향유가 예수의 머리에 잘 스며들도록 머리카락을 어루만졌다. 주변으로 은은하고 귀한 향기가 퍼져 나갔다. 예수가 조용히 입을 열었다.

"마리아는 저에게 좋은 일을 하고 있습니다. 그를 책망하지 마세요. 가난한 사람은 늘 여러분과 함께 있어 언제든지 그들을 도울 수 있지만, 제게는 여러분과 함께할 날이 얼마 남지 않았습니다. 그녀는 지금 저의 장례를 미리 준비하는 것입니다. 기억하세요. 내 이야기가 전해지는 곳마다 마리아의 이야기도 전해질 것입니다."

예수의 입에서 흘러나온 장례 이야기는 모든 제자들의 입을 다물게 했다. 제자들은 스승이 죽는다는 생각을 하자 소름이 오싹 돋았다. 저녁을 먹고 간신히 기운을 차리던 제자들은 넋을 잃었다. 가룟 유다는 이 장례식 같은 분위기를 떨치기라도 하려는 듯 집 밖으로 뛰쳐나가며 소리쳤다.

"미쳤어. 미쳤어. 다들 미쳐 버렸어."

예수는 고함을 치며 뛰쳐나가는 가룟 유다의 뒷모습을 슬픈 표정으로 바라보았다. 칠흑 같은 어둠이 몰려오고 있었다. 빛이라고는 한 줄기도 비치지 않는 듯했다. 이를 비웃기라도 하듯 멀리서 예루살렘 성전이 교교히 빛나고 있었다. 예루살렘 쪽으로 달려가는 가룟 유다의 그림자가 언뜻 보였다.

가룟 유다는 예루살렘 성전으로 들어가 대제사장이 머무는 곳으로 찾아갔다. 대제사장 가야바 앞에 가룟 유다가 섰다. 가야바는 오만하게 그를 쳐다보았다.

"그대는 예수를 따르던 유다가 아닌가? 이 늦은 시간에 무슨 일인가?"

가룟 유다는 머뭇거리다가, 이내 무엇인가를 결심한 듯 말했다.

"예수님이 있는 곳을 알고 있소."

가야바는 깜짝 놀랐다. 성전의 온갖 정보망을 풀어 예수의 흔적을 찾았으나 별다른 기별이 없었는데, 호박이 넝쿨째 굴러 들어온 격이었다. 가야바는 기쁜 표정을 감추고 근엄하고 냉정하게 말했다.

"그건 중요한 정보가 아닐세. 마음만 먹으면 그가 어디에 있는가 하는 것쯤이야 쉽게 알 수 있네."

말은 그렇게 했지만, 가야바뿐만 아니라 대제사장들도 예수의 처리를 놓고 오전 내내 실랑이를 벌였다. 유월절이 가까워질수록 예수를 가만 놔두어서는 안 된다는 쪽과 명절 때 소란을 피우면 오히려 폭동이 일어날지 모르니 명절이 지나고 나서 처리하자는 쪽으로 의견이 갈려 결론이 나지 않았다. 군중이 모이지 않는 곳에서 예수를 잡으면 해결되겠지만, 문제는 영리한 예수가 군중들 속으로 잠입할 수 있어 쉽게 잡을 수 없다는 것이었다.

"예수님이 홀로 계실 때를 알고 있소. 내가 그에게 여러분을 인도하리다."

이렇게 말하면서 가롯 유다는 속으로 토악질을 하였다.

'내가 지금 무슨 소리를 하고 있는 것인가? 이들이야말로 내가 가장 증오하고 저주했던 자들이 아닌가? 나는 지금 여기에 왜 와 있다는 말인가? 예수님을 이렇게 벼랑 끝까지 몰아서라도 혁명에 성공하고 싶다는 말인가? 원수들과 내통하면서까지? 아니다. 나는 지금 대의를 위해서 이 자리에 있는 것이다. 이스라엘의 해방을 위해서, 하

느님의 나라를 위해서, 로마의 척결을 위해서! 스승이 결단하지 못한 다면 나라도 해야 한다.'

가야바는 속으로 쾌재를 불렀다.

'이스라엘을 위해서, 성전을 지키기 위해서라면 예수는 반드시 제거되어야 한다. 한 사람을 없앰으로써 이스라엘을 살릴 수 있다. 예수만 없앨 수 있다면 이스라엘은 과거의 평온함을 되찾을 것이다. 그런데 지금 내 앞에 예수의 제자라는 자가 제 발로 찾아왔다. 하느 님의 도우심이다.'

가야바는 가룟 유다에게 말했다.

"그대의 스승이 있는 곳을 알려 준다면 은 삼십 냥을 주겠네."

가룟 유다는 메스꺼움을 참으며 말했다.

"돈은 필요 없소. 일이나 그르치지 마시오."

가야바는 비웃듯이 말했다.

"아니지. 돈이야 항상 필요하기 마련이야. 돈을 받아 가난한 자들 에게 나눠 주게. 그게 자네의 스승이 좋아하는 일 아닌가. 부족하다 면 더 주겠네. 명절 아닌가. 돈 쓸 데야 널리고 널렸지. 안 그런가?"

가야바는 은 삼십 냥을 가죽 주머니에 넣고, 입구를 동여맨 다음 에 가룟 유다에게 던졌다. 가죽 주머니가 가룟 유다 발밑에 떨어졌다. 가룟 유다는 그 돈을 주워 들고 밖으로 나왔다. 가야바는 눈짓으로 하인에게 그를 뒤쫓도록 명령하였다. 발 빠른 하인이 가룟 유다의 뒤를 밟았다. 배신의 밤이었다.

[15] 헤롯 대왕 사후, 그의 아들 헤롯 안디바는 갈릴리와 베레아 지역을 맡아 영주 노릇을 하였다. 그는 갈릴리의 중심 도시인 세포리스를 재건했다. 세포리스는 갈릴리의 상업과 문화와 무역의 중심지였다. 동시에 갈릴리 지역의 반란의 중심지이기도 했다. 기원전 4년경 이곳에서 봉기가 일어나자 로마는 군대를 이끌고 와 이곳을 완전히 파괴하고 반란 세력을 진압하였다. 헤롯 안디바가 재건하기 전까지 이곳은 폐허나 다름없었다. 연대기로 보았을 때 가룟 유다가 이곳에서 반란 세력에 가담할 가능성은 없다. 하지만 상징적 의미로 각색하였다.

[16] 《누가복음》 6장 20절~26절.

[17] 《마태복음》과 《마가복음》에서는 향유를 부은 여인을 '한 여인'이라 말했고, 《요한복음》에서는 유월절 엿새 전에 나사로의 집에 있는 마리아가 나드 향유를 예수의 발에 붓고 자신의 머리칼로 발을 닦은 것으로 되어 있다. 하지만 여기서는 막달라 마리아가 한 것으로 각색했다. 한 여인이든 어느 마리아든 그녀의 행위는 예수의 죽음에 앞서 자신의 모든 것을 바치는 거룩한 행위가 된다.

[18] 한 데나리온이 노동자의 하루 품삯이다. 삼백 데나리온은 노동자의 1년 치 수입에 해당하므로, 나드 향유는 고가의 사치품이었다.

D-2 수요일
유다, 배반을
약속하다

D-1
목요일

—

최후의 만찬을
열다

그들이 먹고 있을 때에, 예수께서 빵을 들어서 축복하신 다음에,

떼어서 그들에게 주시고 말씀하셨다.

"받아라. 이것은 내 몸이다."

또 잔을 들어서 감사를 드리신 다음에, 그들에게 주시니,

그들은 모두 그 잔을 마셨다.

그리고 예수께서 말씀하셨다.

"이것은 많은 사람을 위하여 흘리는 나의 피, 곧 언약의 피다."

《마가복음》 14장 22절~24절

유월절이 되었다. 아침이 되어 예수와 일행들이 깨어났을 때에도 가룟 유다는 돌아오지 않았다. 다들 어제저녁 고함을 치고 나갔던 가룟 유다를 걱정하였다. 혹시나 홧김에 사고를 쳐서 로마 군인에게 붙잡히지나 않았을까 염려하였다. 아침 식사를 마칠 때까지도 유다

는 나타나지 않았다. 예수가 염려했던 것이 점점 사실로 확인되고 있었다. 예수는 마태와 야고보 두 형제를 따로 불러 예루살렘성 안으로 들어가 저녁 식사를 할 장소를 찾아 준비하라고 일렀다. 그러고는 예루살렘에 거주하는 믿을 만한 사람의 행색과 그가 자주 다니던 곳을 알려 주었다. 이 모든 일을 조심스럽게 진행하라고 따로 당부하였다.

마태와 야고보 형제는 조심스레 베다니를 떠나 예루살렘으로 향했다.

예수와 제자들이 예루살렘 성전에 도착했을 때, 예루살렘은 그야말로 축제 중이었다. 이스라엘 사람 거의 모두가 한 도시에 모인 것만 같았다. 예수 일행은 붐비는 군중 속으로 섞여 들어갔다. 성전 안은 제사를 지내기 위해 잡은 짐승들의 피비린내와 이를 태워 제사를 지내는 연기로 가득했다. 군중들은 뭔가에 홀린 듯이 이리저리 구경거리를 찾아 돌아다녔다. 다른 지역에서 온 사람들과 율법학자들이 성전 곳곳에서 논쟁을 벌이고 있었고, 삼삼오오 모여서 오랜만에 만나 서로의 안부를 묻고 회포를 풀고 있었다. 때로 성전 기둥에 서서 큰 소리로 설교를 하는 사람들이 있었지만, 잠시 관심을 받을 뿐 이들의 말은 이내 군중들의 소음에 묻혀 잦아들었다. 예수의 제자들은 예수가 무슨 일을 벌이나 궁금하였지만, 예수는 별다른 일 없이 군중을 바라보기만 하였다.

저녁때가 다 되었을 무렵, 마태와 야고보 형제가 예수의 일행을 찾아왔다. 저녁 식사 자리가 준비되었음을 일행에게 알렸다. 가룟 유다가 등장한 것도 거의 같은 시간대였다. 예수와 제자들은 조용히 성전을 빠져나왔다. 성전 바깥의 집들은 미로와 같아서, 자칫 길을 잘못 들었다가는 헤매기 십상이었다. 그들은 마태와 야고보 형제가 이끄는 대로 꼬불꼬불한 길을 돌고 돌아 어느 집 앞에 이르렀다.

집 안에 들어갔을 때, 저녁 식사는 이미 준비되어 있었다. 누룩이 들어가지 않은 빵들이 식탁에 놓여 있었고, 포도주가 식탁마다 준비되어 있었다. 베드로는 가룟 유다에게 어디를 갔다가 이제 왔냐고 물었지만 가룟 유다는 침묵으로 대답을 대신했다. 예수는 이 모습을 말없이 지켜보았다. 모두 식탁에 둘러앉자 예수가 빵을 들어 하느님께 감사의 기도를 드렸다. 그리고 그것을 뜯어서 제자들에게 나눠 주며 말했다.

"이 빵은 하느님께서 대지를 통해 주신 몸과 같은 것입니다. 하느님께서는 우리의 필요를 아십니다. 모세님이 이끌던 이스라엘 백성이 굶주렸을 때 하느님께서 만나를 준비해 놓으셨듯이, 오늘 이 빵을 준비해 주셨습니다. 감사합니다. 나는 여러분에게 내 몸을 주는 것처럼 이 빵을 나눠 드립니다. 이 빵을 먹을 때마다 나를 기억해 주십시오."

제자들은 예수가 뜯어 준 빵을 자신이 먹을 만큼 남기고 서로 나누었다. 나누면서 이 빵이 예수의 몸이라는 말씀을 되새겼다. 이전에는 이와 같이 말씀하신 적이 없었다. 이어 예수는 포도주가 담긴 병을 들어 하느님께 기도를 드렸다.

"이 포도주는 하느님께서 대지를 통해 주신 피와 같은 것입니다. 우리는 매일 하느님의 몸과 피를 먹고 마시며 하느님의 사랑 안에서 살아갑니다. 오늘 나는 이 포도주를 여러분과 나눕니다. 어쩌면 이렇게 나누는 포도주가 마지막이 될지도 모릅니다. 나는 여러분에게 내 피를 주는 것처럼 이 포도주를 나눠 드립니다. 이 포도주를 마실 때마다 나를 기억해 주십시오."

그러고는 포도주 병을 기울여 제자들 앞에 놓인 잔에 따랐다. 예수가 빵과 포도주를 몸과 피에 비유한 것은 이번이 처음이었다. 예수의 행동에는 뭔가 결연한 기운이 감돌았다. 기억해 달라는 당부 역시 처음이었다. 하지만 그 처음은 마지막 당부처럼 강하게 느껴졌다.

궁금한 것이 많은 도마가 참지 못하고 입을 열었다.

"선생님, 이전에 선생님과 수없이 식사를 같이 했지만 오늘과 같은 말씀을 하신 것은 처음입니다. 우리가 선생님과 늘 함께 지냈는데, 기억하고 말고가 어디에 있습니까? 선생님의 말씀은 마치 유언처럼 들립니다."

예수는 대접에 적시던 빵을 내려놓으며 대답했다.

"오늘은 유월절입니다. 어린양을 잡아 그 피로 목숨을 건진 날이지요. 한 생명의 죽음이 많은 생명을 살리는 날입니다. 저는 그 어린

양의 심정으로 여러분에게 말합니다. 저의 죽음이 여러분을 살립니다. 비록 여러분은 목자를 잃은 양 떼처럼 흩어지겠지만 자신을 너무 책망하지는 마십시오. 저나 여러분이나 모두 많은 사람을 살리는 양이 될 것입니다. 그때까지 하느님을 경외하고 서로 사랑하십시오. 저에게는 저의 길이, 여러분에게는 여러분의 길이 있습니다."

그때 베드로가 화를 내며 단호히 말했다.

"도대체 어떤 놈이 선생님을 죽인단 말입니까? 그런 놈은 내가 가만 봐두지 않겠습니다. 선생님은 절대로 돌아가셔서는 안 됩니다."

"베드로 형제여, 우리는 모두 연약한 존재입니다. 하느님만이 강한 분이십니다. 우리는 때로 용기를 잃기도 하지만, 때로 용기를 되찾기도 합니다. 용기를 잃었을 때 하느님께 기도하십시오, 용기를 달라고. 저도 그렇게 기도하겠습니다."

"저는 절대로 용기를 잃지 않겠습니다. 끝까지 선생님을 따르겠습니다."

베드로의 목소리가 높아지자, 예수 옆에 앉아 있던 가룟 유다가 떨리는 손으로 대접에 빵을 적셨다. 그때 예수도 같은 대접에 빵을 적시며 가룟 유다에게 조용히 속삭였다.

"제자여, 그대는 어찌하겠습니까?"

갑작스러운 예수의 질문에 가룟 유다는 고개를 숙이고 아무 말도 하지 못했다. 그러자 예수가 말을 이었다.

"그대는 그대의 일을 하세요. 나는 나의 일을 하겠습니다. 오늘 밤 겟세마네 동산에 모두 모여 기도를 드릴까 합니다. 그대도 나와 함께 기도하겠습니까?"

가룟 유다는 대접에 찍었던 빵을 조용히 내려놓고 방을 빠져나갔다. 다른 제자들은 베드로의 용기 있는 발언에 동참하느라 유다가 빠져나가는 것조차 눈치채지 못했다. 그렇게 최후의 만찬은 끝나 가고 있었다.

가룟 유다가 집을 빠져나왔을 때 거리는 한산하였다. 다들 유월절 저녁 식사를 즐기느라 집으로 돌아갔기 때문이었다. 가룟 유다는 서둘러 예루살렘 성전 쪽으로 발길을 옮겼다. 그 시각, 식사를 마친 예수 일행은 올리브산을 향해 걸어갔다. 방향이 다른 두 개의 길은 그렇게 갈라져 있었다. 배신의 길과 수난의 길, 언젠가는 이 두 길이 만나겠지만 아직은 아니었다.

예수 일행은 올리브산 초입에 있는 작은 동산인 겟세마네에 도착했다. 저녁이 되자 날씨가 쌀쌀해졌다. 그들은 주변의 마른 나무를 주워 모아다가 모닥불을 피웠다. 예수는 제자에게 잠시 기다리라고 말하고 좀 더 한적한 곳으로 들어갔다. 제자 중 몇몇은 예수를 지키겠다며 그 뒤를 따라갔다. 예수는 한적한 바위 앞에 앉아 바위에 기대어 하느님께 기도를 올렸다.

"아빠[19] 하느님, 저는 두려움에 떠는 한 마리 양입니다. 죽음의 시간이 점점 다가옵니다. 이 시간이 저에게서 비껴 갔으면 좋겠습니다. 그렇게 하실 수 있으신가요? 그렇게 하실 수 있다는 것을 알고 있습니다. 하실 수 있으시다면, 이 죽음의 잔을 거두어 주십시오. 거두어지지 않는다는 것을 알지만 저는 무섭습니다. 괴롭습니다. 용기가 점점 사라져 갑니다. 사랑하는 사람들 곁을 떠나기 싫습니다. 제가 떠난다면 그들은 목자를 잃은 양처럼 뿔뿔이 흩어질 것입니다. 그 또한 너무도 두렵습니다."

두려움이 엄습해 오자, 예수는 일어서서 자신을 지킨다는 제자들 곁으로 다가가 보았다. 그들은 자고 있었다. 예수의 운명과는 다른 길을 걷고 있는 듯했다. 예수의 괴로움은 그들에게 전달되지 않는 듯했다. 정신이 약한 것인가, 몸이 약한 것인가. 예수는 다가가 제자들의 이름을 불러 보았다. 그러나 그들은 잠시 뒤척일 뿐, 잠에서 깨어나지 않았다. 예수는 갑작스러운 공포에, 외로움에 휩싸였다. 소리를 지르고 싶었다. 하지만 애써 공포를 견뎌 냈다. 잠든 그들의 모습을 보고 있으려니, 자신이 가야 할 길이, 그 무서운 길이, 점점 또렷해졌다. 결국은 혼자서 가야 할 길이었다. 누군가 대신 감당해 줄 수 있는 길이 아니었다. 예수는 다시 기도하던 자리로 돌아갔다. 그리고 눈물을 흘리며 기도했다.

"이것이 하느님이 원하시던 길입니까? 이 잔을 마셔야 합니까? 마시기를 원하신다면 제가 마시겠습니다. 하느님의 길로 나를 인도해 주십시오. 아버지의 뜻대로 하겠습니다."

한바탕 울고 나니 오히려 마음이 차분해졌다. 기도를 마치고 예수는 천천히 일어났다. 제자들 곁으로 다가갔다. 그리고 제자들을 흔들어 깨웠다. 그들은 겨우 일어났다. 모닥불이 사위어 가고 있었다. 예수는 겟세마네 동산 아래쪽을 내려다보았다. 가까이에서 여러 개의 횃불이 다가오고 있음을 볼 수 있었다. 때가 되었다.

제자들이 막 깨어나 우물쭈물하는 사이에 일군의 무리들이 예수의 곁으로 다가왔다. 횃불에 비친 가룟 유다의 얼굴이 보였다. 가룟 유다는 예수에게 다가가 입을 맞추었다.

"선생님."

그 소리에 다가오던 자들이 예수를 포위하고 그를 잡으려 했다. 분위기가 심상치 않은 것을 알아채고 예전에 열심당원이었던 시몬[20]이 품에서 칼을 빼 들었다.

"유다, 이 배신자 놈, 네놈의 행동이 수상하긴 했다만 예전의 동료로서 너를 믿었는데."

시몬이 칼을 빼 들자, 예수의 주위를 둘러싸고 있던 사람들이 칼과 몽둥이를 꺼내 들었다. 중무장을 한 채 예수를 포위한 무리들의 서슬 퍼런 기세에 주변의 제자들은 슬슬 뒷걸음질하기 시작했다. 그때 가룟 유다를 따라온 대제사장 중 한 명이 소리쳤다.

"한 놈도 남김없이 모두 잡아라!"

무장한 무리들이 칼과 몽둥이를 제자들 쪽으로 돌리자, 제자들은 혼비백산하여 달아나기 시작했다. 그중에는 옷도 걸치지 못하고 맨몸으로 달아난 자도 있었다. 얼마 지나지 않아 주변에는 제자들이 한 명도 남지 않게 되었다. 심지어 가룟 유다도 도망가고 없었다. 예수만이 무장한 사람들 가운데서 무력하게 서 있을 뿐이었다. 예수는 그들을 향해 말했다.

"내가 성전에서 여러분들을 가르칠 때에는 잡지 않더니, 이제 칼과 몽둥이를 들고 나를 잡으려 하는군요. 내가 여러분에게 무슨 잘못을 저질렀기에 이 한밤중에 강도들처럼 행동한단 말입니까."

대제사장이 비웃듯이 말했다.

"너의 잘못이야 재판정에서 가려질 것이고, 순순히 따라오는 게 좋을 것이다. 괜히 저항하다가 몽둥이에 몸 상하지 말고."

예수는 그들에게 붙잡혀 겟세마네 동산을 내려갔다. 그들은 예수를 가야바의 집 안마당으로 데려갔다. 그곳은 이미 예수의 체포 소식을 듣고 구경하기 위해 모여든 대제사장들과 율법학자들, 그리고 나이 든 장로들로 가득했다. 구석구석에 불을 피워 놓고 추위를 견디고 있었다. 가야바는 예수를 마당 한가운데 세워 놓고 종교 의회를 열었다. 하지만 이 의회 자체가 불법이었다. 밤중에는 의회를 열 수 없기 때문이었다. 가야바는 예수의 체포에 맞춰 예수에게 불리한 증언을 할 증인들을 돈으로 포섭해 놓았다. 많이 모을 때까지는 좋았다. 하지만 어중이떠중이를 다 불러 모았기에 증언이 서로 맞지 않았다. 가야바로서는 낭패가 아닐 수 없었다. 예수는 침묵으로 일관하였다. 이렇게 가다가는 재판 자체가 무산될 위기에 처할 터였다. 가야바는 지나가는 듯 무심하게 예수에게 물었다.

"그대가 하느님의 아들인가? 사람들은 그대를 메시아라 부르던데."

예수는 이곳에서 벗어날 길이 없음을 알고 있었다. 이미 죽음의 시간이 시작되었고, 자신이 어떠한 대답을 하든 길은 바뀌지 않을 것이었다. 예수는 침묵을 깨고 입을 열어 대답했다.

"그렇다. 내가 바로 하느님의 아들이다. 메시아라 불리는 자다."

예수가 미끼를 물었다. 가야바는 예수의 대답이 끝나자마자 자신의 옷을 갈기갈기 찢었다. 가야바의 느닷없는 행동에 사람들은 모두 놀란 듯이 그를 쳐다보았다. 가야바는 침을 튀기며 고래고래 소리를 질렀다.

"참담하도다. 하느님을 모욕하는 소리로다. 이제껏 하느님의 아들이라고 말하는 인간은 단 한 명도 없었다. 어찌 살기를 바라겠는가. 메시아를 자처하던 자들도 모두 거짓임이 드러났다. 너는 가짜다. 위선자다. 신성모독자다."

가야바는 속으로 쾌재를 불렀다. 예수를 체포하기는 했으나 뱀

처럼 지혜로운 예수가 현란한 말솜씨로 벗어나면 어쩌나 걱정했는데 이제 보니 허당이었다. 어리석은 자였다. 죽음을 자초하는 자였다. 가야바는 군중을 향해서 최후의 말을 외쳤다.

"여러분, 이런 자를 어찌하면 좋겠습니까?"

주변에서 모두 한목소리로 외쳤다. 사형에 처하라! 다른 소리는 들리지 않았다. 사형에 처하라! 같은 구호가 반복되고 있었다. 가야바는 즐거운 표정을 애써 감추고 이렇게 재판 결과를 선포하였다.

"하느님의 아들임을 참칭한 죄는 마땅히 종교적인 죄에 속하나, 메시아를 자처한 것은 우리의 손을 벗어난 것이오. 그것은 로마 제국에 맞서는 것이기에 마땅히 빌라도 총독의 손에서 처리해야 하오. 이 자를 새벽까지 가두어 두었다가 날이 밝으면 빌라도 총독에게 넘기도록 하겠소. 예수를 성전 감옥에 가두어라."

성전 감옥으로 끌려가는 길에 모여든 군중들은 예수에게 달려들어 침을 뱉고, 얼굴을 가리고 주먹으로 때렸다. 누가 때렸는지 맞혀 보라고 놀리면서. 심지어는 끌고 가던 하인들마저도 예수를 손바닥으로 치며 놀렸다. 예수는 이들에게 저항하지 않고 순순히 모욕을 감내했다. 예수가 조롱 속에서 고개를 숙이고 안뜰을 지나가는데 낯익은 목소리가 들려왔다.

"무슨 말이오. 나는 저 사람을 알지 못하오."

베드로의 목소리였다. 예수는 고개를 들어 그쪽을 바라보았다.

대제사장의 하녀 한 명이 베드로를 추궁하고 있었다. 예수와 함께 있는 것을 보았다고. 베드로는 낯을 붉히며 이를 부인하였다. 그리고 슬금슬금 도망을 치고 있었다. 하지만 하녀 역시 집요하게 베드로를 쫓아가며 더욱 강하게 추궁했다.

"내가 당신을 보았소. 저 끌려가는 예수와 한패 아니오?"

"내가 예수와 한패라니, 무슨 말도 안 되는 소리를 하시오."

"정녕 당신은 저 예수를 모른단 말이오?"

"그렇소. 나는 당신이 말하는 예수란 자를 모르오."

베드로는 그렇게 부인하며 안뜰을 벗어나다가 예수와 눈이 마주쳤다. 그때 닭 울음소리가 들렸다. 새벽을 알리는 소리였다. 베드로의 배신을 고지하는 소리였다. 한 제자는 스승을 팔고, 한 제자는 스승을 부인했다. 누구의 잘못이 더 큰가. 베드로는 그 자리에서 주저앉을 뻔했다. 마주친 눈빛을 먼저 거둔 것은 예수였다. 예수의 눈빛은 슬펐으나 그 속에는 원망이 담겨 있지 않았다. 괜찮다고 말하는 듯했다. 도망치는 베드로는 가슴이 찢어지는 것만 같았다. 그는 안뜰을 벗어나자마자 바닥에 엎드려 엉엉 울었다. 그 소리는 닭의 울음소리보다 낮았으나 더 깊어 멈춰지질 않았다.

[19] '아버지'를 뜻하는 아람어이다. 우리말에서처럼 아버지를 가깝고 친근하게 부를 때 쓴다.

[20] 복음서에는 특정한 제자의 이름을 거론하지 않고 '한 제자'라고만 했지만, 이 소설에서는 가롯 유다와 함께 열심당원 활동을 했던 시몬의 행동으로 묘사했다. 그들은 품에 칼을 지니고 다녔기 때문이다.

D-Day
금요일

재판을 받고
십자가에
달리다

지나가는 사람들이 머리를 흔들면서,

예수를 모욕하며 말하였다.

"아하! 성전을 허물고 사흘 만에 짓겠다던 사람아,

자기나 구원하여 십자가에서 내려오려무나!"

대제사장들도 율법학자들과 함께 그렇게 조롱하면서

말하였다.

"그가, 남은 구원하였으나, 자기는 구원하지 못하는구나!

이스라엘의 왕 그리스도는 지금 십자가에서 내려와 봐라.

그래서 우리로 하여금 보고 믿게 하여라!"

예수와 함께 십자가에 달린 두 사람도 그를 욕하였다.

《마가복음》 15장 29절~32절

#오전 6시~7시

종교 재판을 받고 성전 감옥에 갇혔던 예수는 새벽녘에 로마 총독인 빌라도에게 끌려갔다. 빌라도는 헤롯왕의 궁전에 잠시 머물고 있었다. 그 궁전은 경비가 삼엄하여 아무나 출입할 수 있는 곳이 아니었다. 그러나 로마와 결탁한 예루살렘 성전의 권력자들은 그곳으로 들어갈 수 있었다. 가야바를 위시한 대제사장들과 율법학자들, 그리고 장로들과 그 수하의 지지자들이 궁전 안뜰로 들어갔다. 그곳에서 예수의 편을 들어줄 사람은 단 하나도 없었다. 이미 예수는 사지로 들어간 것이었다.

새벽녘에 예수를 끌고 온다는 소식을 들은 빌라도는 조금은 의아한 표정을 지었다. 자신의 정보망에 의하면 예수는 군중을 선동하여 무력시위를 벌이거나, 로마 제국에 직접적인 위협을 가한 인물이 아니었다. 갈릴리 시골 마을에서 몇몇 제자를 이끌고 병을 고치고 하느님 나라를 전파한다는 소식은 이미 들어 알고 있었지만, 딱히 신경 쓴 적은 없었다. 빌라도가 보기에 오히려 문제가 되는 인물들은 로마 제국을 몰아내자고 선동하고, 로마 편을 든 사람들을 암살하고, 로마에 대항하여 폭력 시위를 조장하는 자들이었다. 빌라도는 그러한 자들을 이미 색출하여 십자가형에 처해 버렸다. 지금 궁전 감옥에 있는 바라바의 무리들도 유월절이 지나면 재판을 거쳐 처형할 생각이었다. 그런데 예수라니?

빌라도는 궁전 뜰 안쪽에서 무리에 끌려오는 한 젊은이를 보았다. 그리 위협적으로 보이지도 않았고, 고분고분 끌려오는 모습이 오히려 무력해 보였다. 하지만 예루살렘 성전의 의회에서 고발한 자라 그냥 무혐의 처분을 내릴 수는 없었다. 게다가 죄명은 '유대인의 왕을 참칭한 자'였다. 죄명으로만 보자면 반란죄에 해당했다. 그런데 그의 병사들은 어디에 있는가? 빌라도가 수집한 정보에 따르면 예수에게 병사들은 없었다. 그렇다면 혼자 반란을 꾀했단 말인가? 어리석은 짓이었다.

대제사장 가야바가 묶인 예수를 빌라도 앞에 세웠다. 빌라도는 2층 발코니에서 죄수를 바라보았다. 빌라도는 예수에게 물었다.

"당신이 유대인의 왕인가?"

예수는 빌라도를 바라보며 말했다.

"당신이 그렇게 말했소."

빌라도는 '당신'이라는 말이 귀에 거슬렸다. 죄수가 총독 앞에서 꺼낼 호칭은 아니다. 자신이 예수에게 사용한 말을 예수는 그대로 빌라도에게 돌려준 셈이었다. 빌라도는 '결기는 있구나.' 하고 생각하며 빙긋이 웃었다. 하지만 직접 자신의 입으로 시인한 것은 아니었다. 사태가 이상하게 돌아가자, 가야바는 초조해졌다.

"이자는 자신을 하느님의 아들이라 말했소."

빌라도는 놀랐다. 당시에 '신의 아들'이라는 칭호는 오직 로마 황제만이 사용하는 용어였기 때문이다. 빌라도는 예수에게 물었다.

"당신이 하느님의 아들인가?"

예수는 침묵했다. 그러자 다른 대제사장들이 입을 열어 고발했다.

"이자는 예루살렘 성전을 사흘 만에 헐어 버리겠다고 말했소."

"이자는 안식일에도 병을 고치고 더러운 자들과 어울렸소."

"이자는 많은 여인들과 함께 다니며 풍기를 문란케 했소."

"이자는 성전에서 정당하게 상행위를 하는 상인의 가판대를 엎었소."

빌라도가 그러냐고 예수에게 물었다. 예수는 침묵했다. 빌라도가 보기에 예수의 침묵은 기이한 것이었다. 자신에게 예수를 풀어 줄 권한이 있다는 것을 안다면 지금 정성껏 변론하여 자신의 무죄를 주장해야 할 터인데, 예수는 어리석을 정도로 사태 파악을 못 하고 침묵으로 일관하고 있었다. 빌라도는 사태가 묘하게 흘러가고 있음을 감지했다. 그래서 앞에 서 있는 예수에게 물었다.

"당신은 왜 아무런 대답도 하지 않는가? 지금 군중들이 당신을 수많은 죄로 고발하고 있는 것이 안 보이는가?"

예수는 빌라도를 측은히 쳐다보았다. 그러고는 아무 말도 하지 않았다. 빌라도는 침묵하는 이 청년이 이상했다. 빌라도는 이 상황이 난처했다. 그러다가 묘안이 떠올랐다. 그것은 명절을 기념하여 방면하는 것이었다. 빌라도는 고개를 들어 군중에게 말했다.

"유월절과 같은 명절에는 죄수 하나를 방면하는 관습이 있소. 여기 그대들이 나에게 끌고 온 예수라는 자와 폭동죄로 감옥에 갇혀 있는 바라바라는 자가 있소. 나는 이 둘 중 하나를 방면할까 하오. 여러분은 누구를 원하시오?"

그러자 대제사장들에게 선동된 군중들은 기다렸다는 듯이 외쳤다.

"바라바를 석방하시오!"

"바라바를 석방하시오!"

빌라도는 그제야 궁전 뜰에 모인 자들이 예수를 시기하여 자신에게 넘겼음을 알 수 있었다. 예수는 결코 이들의 손아귀에서 벗어날 수 없었다. 그래서 예수를 끌고 온 무리들에게 다시 물었다.

"그대들은 내가 이자를 어떻게 하길 바라는가?"

그들은 모두 입을 맞추기라도 한 듯 거듭해서 외쳤다.

"예수를 십자가형에 처하시오!"

"예수를 십자가형에 처하시오!"

"예수를 십자가형에 처하시오!"

십자가형은 도망친 노예나 반란을 꾀한 자들에게 내려지는 극형이었다. 그 형벌이 너무도 가혹하여 로마 시민에게는 적용되지 않았다. 빌라도는 군중들이 예수의 처벌 정도가 아니라 죽음을 원한다는 것을 알게 되었다. 빌라도는 그들의 눈빛을 하나하나 천천히 쳐다보았다. 그들은 시선을 피하지 않았다. 아니, 오히려 예수를 극형에 처하지 않는다면 당장이라도 폭도가 될 기세였다. 빌라도는 이스라엘 군중들이 예루살렘에 모여 있는 이 시점에 분란을 일으키지 않기 위하여 억지로 예루살렘으로 온 것이었다. 자신의 힘으로 이들을 진압할 수는 있지만, 그러한 진압은 분란의 불길을 댕기는 것이었다. 분란을 피하려면 목숨 하나쯤은 기꺼이 없앨 수 있었다. 다른 군중이 보기에는 예수가 유대인의 왕이라 참칭하는 자이겠지만, 빌라도의 눈에 예수는 그저 갈릴리 변방에서 온 시골뜨기 종교 지도자에 불과했다. 게다가 저 무기력한 모습이라니. 노련한 정치가라면 당연히 희생양 하나를 제거하는 선택을 해야만 한다고 빌라도는 생각했다. 빌라도는 군중을 만족시키기 위하여 바라바의 방면과 예수의 십자가형을 선포하였다.

#오전 7시~9시

십자가형이 선포되자 예수를 지키고 있던 로마 병사들이 그를 형벌장으로 끌고 갔다. 형벌장은 궁전 뜰 안쪽에 있었다. 그곳에는 채찍형을 가할 수 있는 형틀이 놓여 있었다. 형틀은 이미 수없이 채찍을 맞은 죄수들의 핏물로 뒤범벅되어 있었다. 채찍형을 집행하는 군사는 예수의 양손을 형틀의 수갑에 채웠다. 그리고 물로 적셔 놓은 가죽 채찍을 손에 쥐었다. 채찍 끝에는 유리 조각과 날카로운 쇳조각이 붙어 있었다. 채찍이 예수의 몸을 휘감을 때마다 그 조각들은 살 속으로 파고들어 살을 찢거나 살점을 떼어 냈다. 벌어진 살점 사이로

뼈가 보이고 핏물이 흘렀다. 채찍을 맞을 때마다 예수가 내지르는 고함 소리는 이미 사람의 소리가 아니었다.

채찍형은 군중들이 보는 앞에서 거행되었다. 잔인한 형벌일수록 군중 앞에서 거행되어야 효과가 컸다. 죄수의 고통스러운 모습은 고스란히 군중에게 전달되어야 했다. 일벌백계. 나쁜 싹은 뿌리부터 뽑아야 한다. 두려움과 공포로 군중을 떨게 만들어야 한다. 그것이 공개 처형의 목표였다. 다시는 로마에 대항해 반란을 일으키지 못하도록 그 의지를 꺾어 버려야 한다. 가장 수치스럽고 무력한 죄수의 모습을 보여 줌으로써 반란의 결과가 죄수뿐만 아니라 군중의 뼛속까지 새겨지도록, 가혹해야 한다.

채찍형이 가해지는 동안 주변의 로마 병사들은 예수를 조롱하였다.

"저런 놈이 이스라엘의 왕이라면 내가 키우던 개가 이스라엘의 왕이다."

어떤 병사는 아예 무릎을 과장되게 꿇으며 조롱했다.

"왕이시여, 어쩌다가 이 꼴을 당하고 계시오. 그대를 따르는 자들은 어디로 갔소?"

수없는 채찍질에 예수의 몸은 이미 사람의 것이 아니었다. 살점이 뜯겨 나가고, 뼈가 드러나고, 피가 흘러 차마 눈 뜨고 볼 수 없는 형상이었다. 환호하던 군중들도 이내 공포에 사로잡혀 말을 잃어 갔다. 환희가 두려움으로 바뀌는 이 순간이 바로 결정적 처형의 순간이었다. 로마 병사들은 이미 시체와 다를 바 없는 예수를 일으켜 세우고 옷을 벗겼다. 군중 앞에서 발가벗겨졌다. 그 누구도 견디기 힘든 치욕의 순간이었다. 군중들은 눈을 감거나 고개를 돌렸다. 한 로마 병사가 자신의 자색 망토를 예수에게 걸쳐 주며 말했다.

"왕이라면 대관식이 있어야지. 어이, 왕관은 준비되었나?"

그러자 다른 병사가 가시덩굴로 엮은 관을 예수의 머리에 씌웠다.

"대관식 준비가 끝났습니다. 왕이시여, 이제 행차를 하셔야지요."

예수는 자색 망토를 걸치고 가시관을 쓴 채로 궁전 밖으로 끌려나왔다. 그때 어떤 병사는 예수의 얼굴에 침을 뱉고, 어떤 병사는 갈대로 머리를 때렸다. 참으로 가혹한 대관식이었다. 로마 병사들은 궁밖에 준비된 가로 십자가를 예수에게 짊어지게 했다. 자색 망토는 벗기고, 피 묻은 예수의 옷을 다시 입혔다.

그들이 향하는 곳은 골고다, 즉 해골 언덕이라 부르는 곳이었다. 예루살렘 성벽 바깥에 있는 야트막한 언덕이었다. 로마에 반란을 꾀한 역도들의 십자가가 세워져 있는 곳, 밤새도록 신음 소리가 들리는 곳, 까마귀와 들개들이 시체를 뜯어 먹는 곳, 무덤 없이 시체가 방치되는 곳, 만약에 지옥이 있다면 바로 이곳이야말로 지옥이라 불릴 만한 곳이었다. 어떠한 자비도, 어떠한 명예도, 어떠한 인권도 찾아볼수 없는 곳. 인간이라면 꿈에서라도 가 보고 싶지 않은 곳이 바로 골고다였다.

그곳을 향해 예수는 가로 십자가를 메고 피를 흘리며 힘겹게 걸음을 옮기고 있었다. 수없이 무릎이 꺾이어 일어서지 못했다. 로마 병사 하나가 구경하던 군중 가운데 한 명을 불러 예수의 가로 십자가를 대신 짊어지게 했다. 골고다에 도착했을 때 한 병사가 몰약을 탄 포도주를 마시게 했지만 예수는 고개를 저어 거절했다. 고통을 덜어 주는 마취약과 같은 것이었으나 예수는 마시지 않았다. 드디어 예수의 십자가가 세워질 곳에 도착했다. 세로 십자가가 눕혀져 있었다. 로마 병사들은 예수의 옷을 다시 벗기고 그를 뉘어 십자가에 못 박았다. 커다란 못이 예수의 손과 발을 관통하여 나무 십자가에 박혔다. 그들은 십자가 위에 '유대인의 왕'이라는 패를 붙이고 십자가를 일으켜 세워 땅에 고정했다. 십자가가 세워지자 예수의 몸은 아래로 늘어졌다. 못을 박은 자리에서 다시 피가 흘렀다. 으으으, 치를 떠는 낮은 신음 소리가 십자가를 타고 내려왔다.

#오전 9시~정오

그날 골고다에 오른 죄수는 예수만이 아니었다. 예수 이전에도 수없이 많은 죄수들이 반역자로, 강도로, 도망친 노예로 불리며 골고다에 올랐다. 아마 이후로도 수많은 죄수들이 골고다에 오르리라. 예수 곁에는 두 명의 강도가 십자가형을 받고 동시에 세워졌다. 로마 병사들은 예수를 호위시키기라도 하듯 예수의 양옆에 십자가를 세웠다.

십자가형은 공개 전시형이었기에 사람들의 구경거리가 되었다. 근처를 지나가는 사람들은 새로 세워진 십자가를 보며 혀를 끌끌 차거나 고개를 돌려 바삐 그곳을 통과했다. 때로 십자가에 매달린 자들을 놀리는 사람도 있었다.

가야바를 따르는 대제사장의 무리들은 멀찍이 떨어져서 십자가를 지고 골고다에 오르는 예수를 따라왔었다. 예수가 죽음에 이르는 마지막 순간까지 확인하여 가야바에게 보고해야 했기 때문이었다. 예수가 무기력하게 십자가에 달리는 모습을 보면서 어떤 이들은 안도의 한숨을 쉬었고, 어떤 이들은 아쉬움과 허탈함을 느끼기도 했다. 예수가 십자가에 매달리는 장면에 어떤 극적인 사건도 일어나지 않았기 때문이다. 소문처럼 예수가 하느님의 아들이라면 뭔가 일이 벌어질지 모른다며 은근히 기대하던 자들도 있었다. 그러나 그러한 기대감 역시 이내 사그라졌다. 대제사장 중 한 사람이 예수의 십자가 곁으로 다가가 예수를 올려다보며 말했다.

"예루살렘 성전을 사흘 만에 헐어 버리겠다던 사람이 고작 십자가에 달렸는가? 남들은 그렇게도 많이 구제하고 구원했다 들었는데, 어찌 자신은 구원하지 못하는가? 당신이 하느님의 아들이라면 당장 그 십자가에서 내려와야 하는 것 아닌가? 그래야 사람들이 당신을 믿을 것 아닌가?"

그의 말에는 원망이 섞여 있었다. 비록 예수가 자신들의 적이기는 했지만, 들리는 소문에 의하면 예수가 한 일 중에는 놀라운 것들이 많았다. 수많은 병자들을 고치고, 심지어 죽은 자들까지 살렸다는 소문이 돌았다. 떠도는 소문들은 시간이 흐를수록 살이 붙어 믿을 수 없는 이야기가 되었지만, 살이 붙으려면 뼈대가 세워져야 했다. 대제사장은 내심 이 시골 청년에 대해서 기대를 품고 있었다. 그때 예수 옆에 세워진 십자가에서 소리가 들려왔다.

"이자가 하느님의 아들이라고? 칼도 없이 거리로 나서는 자가? 반역자의 목 하나 못 따는 자가? 로마 군대와 맞서지도 못하는 자가? 내 일찍이 이자의 소문은 들었지만, 이미 싹수가 텄어. 우리 하느님의 아들이라면 이렇게 무력할 리가 없지. 차라리 오늘 석방된 바라바님을 하느님의 아들로 떠받드는 것이 낫겠다. 안 그런가?"

그때 반대편 십자가에 매달려 있던 강도가 말했다.

"그런 말 말게. 우리야 사람을 죽여 십자가에 달렸지만, 이분은 사람을 살리셨던 분 아닌가? 사람을 죽인 내 행동에 후회는 없어. 그놈은 우리 민족을 배신하고 로마에 빌붙어 자신의 배를 채운 매국노니까. 하지만 이분은 가난한 우리 민중을 살리고 먹이셨던 분이시네. 자네나 나 같은 사람과는 다르지. 어쩌다 이 꼴을 당했는지는 모르지만 이렇게 훌륭한 분을 매도하여 십자가형을 받게 한 놈들이 더 나쁜 놈들 아닌가."

이들의 이야기를 듣고 있던 대제사장은 흠칫하고는 자리를 피하였다. 예수는 아무 말도 하지 않았다.

#정오~오후 6시

대제사장의 무리만 예수를 따라온 것은 아니었다. 예수의 남성 제자들은 모두 뿔뿔이 흩어졌지만, 막달라 마리아를 비롯한 여성 제자들과 예수의 어머니는 궁전 밖에서 예수를 기다리고 있다가 줄곧 그를 따라왔다. 그들은 눈물을 흘리며 비명을 지르며 예수의 뒤를 따른 것이다.

막달라 마리아는 예수의 어머니를 모시고 십자가에 달린 예수의 곁으로 다가갔다. 행여나 해코지를 당하지 않을까 두려웠지만, 예수를 지키고 있던 로마 병사들은 힘없는 여인들이 다가오는 것을 막지 않았다. 막달라 마리아와 예수의 어머니는 예수가 달린 십자가에 손을 내밀며 눈물을 흘렸다. 사방이 어두워졌다. 눈물 때문인지 온 세상이 희미해 보였다. 생시가 아니라 차라리 꿈이었으면 하고 바랐다. 예수는 막달라 마리아와 어머니의 흐느끼는 소리를 듣고 눈을 떠 이들을 바라보았다. 예수의 눈에서도 눈물이 흘렀다. 예수의 눈물은 가시관에 찢어진 이마에서 흐르는 피와 뒤섞여 빨갛게 흘렀다. 눈물 많았던 여인, 자신이 가는 길을 눈물로 지켜봤던 여인, 당신보다 자식을 더 걱정했던 여인이 지금 자신의 발 앞에서 절망하여 울고 있었다.

예수는 가슴이 미어지는 것 같았다. 이렇게 비참한 모습을 어머니에게 보이고 싶지는 않았다. 차마 어머니를 볼 수 없었다. 예수는 고개를 들어 하늘을 향해 소리쳤다.

"나의 하느님, 나의 하느님, 어찌하여 나를 버리십니까?"[21]

예수의 외침에 로마 병사 중 한 명이 예수가 죽어 가고 있음을 감지했다. 죽음에 이른 자들을 수없이 보아 온 병사는 마지막 자비심을 발휘했다. 그가 고통 없이 죽도록 갈대 끝에 달린 해면에 신 포도주를 적셔 예수의 입술에 대 주었다. 예수는 슬픈 듯 그를 쳐다보았다. 그리고 막달라 마리아와 어머니를 바라보았다. 예수는 조용히 눈을 감았다. 이제 어둠이 찾아올 것이다. 사람들은 이 어둠을 감당할 수 있을까? 예수는 가슴이 찢어질 듯 아팠다. (그 순간 성전의 휘장이 위에서 아래까지 두 폭으로 찢어졌다.) 예수는 조용히 숨을 거두었다.

예수를 지켜보던 로마 병사의 백부장이 그의 죽음을 확인하고 이렇게 말했다.

"하느님의 아들이 죽었군."

막달라 마리아와 예수의 어머니 마리아는 예수의 죽음에 목 놓아 통곡했다. 그녀들의 울음소리를 듣고 멀찍이서 지켜보던 다른 여인들이 달려왔다. 예수의 제자인 야고보와 요한의 어머니인 살로메, 갈릴리에서부터 예수를 후원하고 따랐던 요안나와 수산나가 예수의 십자가로 달려왔다. 앞선 여인의 통곡에 뒤따른 여인의 울음이 섞여 통곡의 강을 이루었다. 여인의 품에서 나왔던 예수는 여인의 품에서 죽음을 맞이했다. 남성 제자들은 모두 도망간 자리, 하느님조차 침묵한 자리. 고개가 떨궈진 예수는 여인의 통곡 소리를 들을 수 없었다.

#오후 6시~

대제사장의 무리는 예수의 죽음을 확인하고 가야바에게 보고를 하러 그 자리를 떠났다. 골고다를 감시하던 백부장도 예수의 죽음을 보고하러 예루살렘으로 향했다. 하지만 예수를 따르던 여인들은 그곳에 남아 예수를 지켰다.

날이 저물어 가고 있었다. 그때 예수의 죽음을 확인한 성전 의회 의원 아리마대 요셉이 빌라도를 찾아갔다. 요셉은 의회에서도 명망이 있는 사람이라 빌라도를 만날 수 있었다. 그는 빌라도에게 예수의 시신을 내달라고 간청했다. 관례에 따르면 십자가형에 처한 시신은 내주지 않고 구덩이를 파서 그곳에 버려야 했다. 처음에는 거절했지만 요셉의 간청은 집요했다. 요셉은 빌라도에게 말했다.

"죽은 자는 말이 없는 법이오. 총독께서 짐작하셨겠지만 예수는 죄 없이 죽었소. 그가 반란죄를 저질렀다는 증거는 어디에서도 찾을 수 없을 것이오. 내 비록 세력이 약해서 예수의 죽음까지는 막지 못했으나, 명예로운 자의 주검을 헛되이 방치할 수는 없소. 조용히 장례를 치르리다. 예수의 시신을 나에게 내주시오."

빌라도는 요셉의 눈을 쳐다보았다. 진실한 눈빛이었다. 자신을 난처하게 만들 자는 아니었다. 하지만 빌라도는 잠시 망설였다. 그때 골고다를 지키던 백부장이 들어와 예수의 죽음을 보고했다. 빌라도는 백부장에게 예수의 죽음으로 인한 소란은 없었는지 물었다. 백부장은 여인의 울음은 있었으나 아무런 소란도 없었음을 확인해 주었다. 유대의 왕이라고 불리는 자의 죽음치고는 어처구니없을 정도로 조용했다고 백부장은 말했다. 빌라도는 그제야 안도하였다. 명절이 조용히 지나가고 있었다. 빌라도는 요셉에게 조용히 장례를 치르라고 당부하고, 백부장에게 명하여 요셉에게 시신을 내주라고 명령했다. 명령을 받들고 궁궐을 나가는 백부장을 요셉은 조용히 따라갔다.

백부장과 요셉이 골고다에 도착했을 때, 여인들은 그 자리를 계속 지키고 있었다. 요셉은 여인들에게 자신이 마련해 놓은 무덤에 예수를 안치할 터이니 조용히 뒤를 따르라고 당부하였다. 밤이 되자 사방이 캄캄해졌다. 백부장은 병사를 시켜 예수의 시신을 십자가에서 끌어 내린 뒤 요셉에게 넘겼다. 요셉은 준비해 간 삼베에 예수의 시신을 싸서 미리 마련해 둔 무덤으로 향했다. 백부장은 예수의 시신이 사라지지 않도록 병사 둘을 딸려 보내어 예수의 무덤을 지키도록 했다.

요셉이 마련한 무덤은 바위를 깎아서 만든 돌무덤으로 새 무덤인 듯 깨끗했다. 요셉이 예수를 염하는 것을 막달라 마리아는 곁에서 지켜보았다. 여인들이 조용히 흐느끼며 장례를 치렀다. 시간이 흘러 모두 무덤 밖으로 나오자, 로마 병사들은 커다란 돌을 굴려 돌무덤 입구를 막아 버렸다. 그리고 그들은 무덤의 돌을 봉인한 다음, 양쪽에 서서 불침번을 섰다. 유대 안식일 전날이었다. 피의 금요일은 그렇게 지나가고 있었다.

[21] 《시편》 22편 1절.

D+1
토요일

무덤에
머물다

빌라도는 예수가 벌써 죽었을까 하고 의아하게 생각하여,

백부장을 불러서, 예수가 죽은 지 오래되었는지를 물어보았다.

빌라도는 백부장에게 알아보고 나서, 시신을 요셉에게

내주었다.

요셉은 삼베를 사 가지고 와서, 예수의 시신을 내려다가

그 삼베로 싸서,

바위를 깎아서 만든 무덤에 그를 모시고, 무덤 어귀에 돌을

굴려 막아 놓았다.

막달라 마리아와 예수의 어머니 마리아는,

어디에 예수의 시신이 안장되는지를 지켜보고 있었다.

《마가복음》 15장 44절~47절

안식일 아침이 밝았다. 대제사장 가야바와 예루살렘 성전의 성
직자들은 모두 잠을 잘 자고 안식일을 지키기 위해 성전으로 모여들

었다. 예수의 죽음은 성전 권력의 보전을 위해 필요한 것이라 위안하며 아무 일도 없었던 것처럼 하느님께 감사의 예배를 드렸다. 로마 총독인 빌라도 역시 명절 기간이 별다른 소요 사태 없이 지나갔음을 축하하였다. 밤중에 예수의 시체를 요셉에게 넘겨주어 명분과 실리를 챙긴 터라, 재판 중에 찜찜했던 기분도 씻은 듯이 가벼워졌다. 종교적 광신에 사로잡혀 있는 이스라엘을 무사히 통치하면 얼마 후에 로마행이 보장될 것이고, 그 이후로는 이곳에서 일어났던 일들은 기억에서조차 말끔히 지워질 것이다. 성공의 탄탄대로가 보장될 것이다. 이렇게 생각하니 가벼운 아침 식사만으로도 속이 든든했다.

예수의 제자들은 예루살렘 안에 피난처를 마련하고 문을 안으로 걸어 잠그고 바깥출입을 삼갔다. 그들은 자신들이 예수를 배신하고 도망쳤다는 사실에 몸서리쳤다. 특히 예수를 세 번이나 부인한 베드로는 절망감에 사로잡혀 있었다. 그들은 자신들도 죽은 목숨이나 진배없다고 생각했다. 한편 예수를 팔아넘겼던 유다는 예수가 십자가에 매달려 죽은 것을 보고 절망하였다. 그는 성전으로 달려가 자신이 받은 돈을 대제사장 가야바에게 내던졌다. 그리고 성전 바깥으로 나가 열매를 맺지 않은 무화과나무에 스스로 목을 매달아 죽었다.[22]

예수의 무덤을 지켰던 막달라 마리아와 예수의 어머니 마리아와 다른 여인들은 예수에게 무덤을 마련해 준 요셉의 집에 머물고 있었다. 안식일이 지나고 예수의 무덤에 다시 한번 찾아가기 위해서는 요셉의 도움이 절실히 필요했다. 요셉은 예수의 주검을 안장한 것에 대해 쏟아질 동료 의원들의 비난 따위는 걱정하지 않았다. 그는 일찍부터 예수가 전했던 '하느님 나라'에 관심이 많았다. 그래서 요셉은 아침 일찍 집을 나서며 성전 예배가 끝난 후 돌아올 테니 걱정하지 말고 푹 쉬라고 여인들에게 당부하고, 자신의 어머니에게 그들을 잘 보살펴 달라고 특별히 부탁도 드렸다.

요셉의 집에 머물고 있던 여인들은 아침 식사도 하는 둥 마는 둥 하였다. 그들의 관심사는 오직 예수의 무덤에 다시 가 보는 것이었다. 그러나 안식일에는 모든 노동이 금지되어 있었다. 따라서 예수의 돌무덤을 여는 것도 불가능하였다. 그리하여 그들은 하릴없이 집 안에서 하루를 보내야 했다. 막달라 마리아는 예수의 어머니를 특히 걱정하였다. 자식을 잃은 슬픔에 간밤에 몇 차례나 혼절하였던 예수의 어머니는 이제야 겨우 잠이 들었다. 막달라 마리아도 밤새 예수의 어머니를 돌보느라 한숨도 자지 못하였다. 예수의 어머니가 잠든 모습을 보자, 비로소 잠이 쏟아졌다. 막달라 마리아는 예수의 어머니가 누운 침상 곁 의자에 앉아 깜박 잠이 들었다. 꿈 속에서 마리아는 예수를 만났다. 예수는 부드럽고 친절한 표정으로 마리아에게 손짓하였다. 예수와 마리아는 갈릴리 바닷가를 손잡고 거닐고 있었다. 마리아는 꿈속에서 이것이 꿈이라면 제발 깨지 말고 영원히 지속되기를 기원하고 기원했다.

* * *

갈릴리 바닷가에서 불어오는 바람은 시원하였다. 바다에서는 베드로와 안드레가 물고기를 잡고 있었다. 그들은 예수와 마리아를 알아보고 두 손을 흔들어 인사했다. 예수는 그들을 향해 활짝 웃었다. 마리아는 예수의 웃는 모습이 참으로 매력적이라고 생각했다. 그들은 평화롭게 바닷가를 거닐며 이런저런 이야기를 주고받았다.

"선생님에게는 스승이 없었나요?"

"스승요?"

"선생님의 말씀을 들으면 너무도 생동감이 넘쳐서 마치 오래전부터 알고 있었던 이야기 같아요. 선생님에게 누가 가르침을 주셨을까요?"

"많지요, 아주 많아요."

"많다고요? 저는 선생님의 스승님을 뵌 적이 없는데요?"

"아니요. 많이 뵈었어요."

"제가 아는 분인가요?"

"아는 분도 있을걸요."

마리아는 놀란 눈으로 예수를 쳐다보았다. 예수는 동그랗게 뜬 마리아의 눈동자가 귀엽다고 생각했다. 예수는 말을 이었다.

"어머니 친구분들 중에도 제 스승이 있는걸요. 우리 집 앞에 사시던 과부 한 분은 매일 우리 집에 놀러 오곤 하셨는데, 하루는 맛난 것을 많이 준비해 오셨더라고요. 그래서 어머니께서 뭘 이렇게 많이 가져오셨냐고 물으니까 그분이 대답하시기를, 잃어버린 동전[23]을 다시 찾았다며 그 동전으로 잔치를 베푸는 거라더군요. 어린 시절 저는 그분의 말씀 속에서 하느님 나라를 봤어요. 가난하지만 서로 보살피고 나누는 삶이야말로 바로 하느님 나라라는 것을 알게 되었지요."

"그럼 그분이 바로 선생님의 스승이로군요."

"네, 저의 첫 스승이었지요. 그분은 어린 저를 너무 좋아하셔서 저를 무릎에 앉히고 이런저런 재미난 이야기를 많이 해 주셨어요."

"또요."

"또? 그리고 뒷집에 살았던 아주머니는 떡을 만드셔서 가끔 가져오시기도 했는데, 제가 이 맛있는 떡의 비결이 뭐냐고 물었더니, 그 비결은 누룩이라고 말씀하시면서 누룩을 조금만 넣어도 떡이 크게 부풀어 오르게 할 수 있다고 말씀하셨어요. 마리아 님은 제가 떡을 좋아하는 거 아시지요? 적은 누룩으로 잔뜩 부풀어 오르는 떡은 마치 하느님 나라 같지 않나요?"

"그러니까 떡 만드셨던 분도 선생님의 스승이란 말씀인가요?"

"그럼요. 온 동네 아주머니들이 모두 제 스승님이세요. 저는 그분들이 들려주시는 재미난 이야기와 맛있는 음식으로 이렇게 성장한 거예요."

"에이, 그렇게 말씀하시면 스승이 아닌 분이 어딨어요."

"맞아요. 삶을 가꾸는 분들은 모두 저의 스승이에요. 마리아도 저의 스승인데요."

"제가요?"

"네, 마리아를 볼 때마다 거친 남성들 사이에서 헌신적으로 나누고 봉사하는 모습이 참으로 좋아요. 다른 분 같았으면 엄두도 내지 못했을 일을 마리아가 처음으로 해 주었어요. 늘 감사하고, 아름다운 행동이라고 생각해요. 그리고 다른 분들에게는 비밀이지만 마리아가 제일 총명한 거 같아요."

"선생님, 저를 놀리시면 안 돼요. 진짜로 믿는다고요."

둘은 서로를 마주 보며 한참을 웃었다. 웃다가 마리아의 눈에서는 눈물이 나왔다. 너무도 행복해서 영원히 이 순간이 지속되었으면 좋겠다고 생각했다. 하지만 이렇게 한가로운 대화를 나누는 시간이 얼마나 남았을까 생각했다. 그때였다. 갑자기 먹구름이 일더니 큰비가 내렸다. 바닷물이 갑자기 심하게 출렁였다. 바다에서 고기를 잡던 어부들이 당황하며 그물을 거둬들이고 있었다. 마리아는 놀라서 예수를 쳐다보았다. 예수는 아무렇지도 않은 듯이 바다 위를 걷기 시작했다. 그리고 마리아를 향해 자신에게 다가오라고 손짓을 했다. 마리아는 두렵고 떨리는 마음으로 바닷물에 발을 담갔다. 기적이 일어났다. 마리아가 바다 위를 걷고 있었다. 마리아는 자신이 바다 위를 걷고 있다는 사실에 놀라 예수를 쳐다보았다. 예수의 표정이 갑자기 슬퍼 보였다. 그러자 마리아의 몸이 바닷속으로 빠져들었다. 빠져나오려고 안간힘을 쓸 때마다 몸은 점점 더 깊이 물속에 잠겼다. 숨을 쉴 수조차 없었다. 마리아는 발버둥을 치며 소리를 질렀다. 아무도 자신의 소리를 듣지 못했다. 사방이 어두워졌다.

마리아가 눈을 떴을 때, 마리아는 잔칫집에 있었다. 마리아는 꿈을 꾼 것이라 안도하며 사방을 둘러보았다. 그곳은 삭개오[24]라는 사람의 집이었다. 삭개오는 이스라엘 사람들에게서 세금을 걷어 로마에 전달하는 세관장이었다. 그는 그렇게 부를 불려 이제는 남들이 부러워할 정도로 부자가 되었다. 하지만 이스라엘 사람치고 삭개오를 싫어하지 않는 사람은 없었다. 그는 매국노였다. 게다가 난쟁이였다. 그런데 예수는 그의 집을 방문하여 그와 더불어 먹고 마시고 있었다. 예수를 따르던 제자들은 예수의 행동을 의심하였다. 예수가 매국노와 더불어 식사를 하는 것만으로도 미움을 살 만한 일이었다. 마리아 역시 상황을 고려하지 않는 예수의 천진난만한 행동이 걱정스러웠다. 마리아는 예수에게 다가가 이제 그만 나가자고 말했다. 하지만 예수는 마리아를 곁에 앉히고 술을 한 잔 더 청하였다. 그때였다. 매국노 삭개오가 벌떡 일어나 불쾌해진 목소리로 말했다.

"예수님, 약속합니다. 제가 가진 것들의 절반을 가난한 사람들에게 나눠 주겠습니다. 그리고 제가 누구에게 강제로 빼앗은 것이 있다면, 네 배로 갚아 주겠습니다. 저희 집을 방문해 주신 여러분, 정말 감사합니다. 우리 유대인들이 저를 어떻게 보고 있는지 저도 잘 압니다. 그런데도 여러분이 이렇게 찾아와 주시니 이제야 사는 것이 무엇인지 알 것 같습니다. 정말 고맙습니다. 정말 고맙습니다."

삭개오는 눈물을 흘리며 자신의 집을 방문한 예수와 그 제자들의 손을 일일이 잡고 고마움을 표시하였다. 예수는 웃으며 제자들에게 말했다.

"어떠세요. 아직도 이 집에 들어온 것을 후회하시나요? 우리가 할일은 잃어버린 것을 다시 찾는 거예요. 삭개오 님도 우리와 같은 아브라함의 자손입니다. 오늘 이 집에 구원이 이르렀습니다."

마리아는 예수와 함께 삭개오의 집을 나섰다. 그런데 갑자기 누군가가 마리아의 머리채를 움켜쥐고 마리아를 끌고 갔다. 마리아는 갑작스런 봉변에 놀라 예수를 불렀다. 하지만 소리는 목구멍 밖으로 나오지 않았다. 마리아는 왜 예수와 동료들이 자신을 구하지 않는지 이상하게 생각했다. 마리아는 성전까지 끌려가 뜰 앞에 던져졌다. 마리아는 정신을 차리지 못하고 땅바닥에 엎드려 있었다. 마리아의 주변에 많은 남자들이 몰려들었다. 마리아는 그들을 보며 이제는 죽었구나 생각했다. 그들 중 한 사람이 말했다.

"이 여자는 간음하다가 현장에서 잡혔습니다. 이런 여인은 돌로 쳐 죽이라고 율법은 명령하고 있습니다. 선생님은 뭐라고 말씀하시 겠습니까?"[25]

마리아는 아니라고, 자신은 예수님과 함께 삭개오의 집에 있었 다고, 거기에는 많은 제자들이 함께 있었다고, 그들이 바로 내가 간 음하지 않았음을 증명해 줄 증인이라고, 그렇게 외쳤다. 그러나 그 소리는 밖으로 전달되지 않았다. 마리아는 미칠 것만 같았다. 그때 소리가 들렸다.

"여러분 중에서 죄가 없는 사람이 먼저 이 여인에게 돌을 던지십 시오."

마리아는 놀라 고개를 들었다. 예수의 목소리였다. 갑자기 눈물 이 쏟아졌다. 나이 많은 이를 시작으로 주변 사람들이 하나둘 떠나갔 다. 마침내 예수와 마리아만 남았다. 예수는 마리아에게 다가가 손을 내밀었다. 마리아는 예수의 손을 잡고 일어났다. 마리아는 예수의 품 에 안겼다.

마리아와 예수는 군중을 헤치고 성전을 빠져나왔다. 그런데 검 은 개 한 마리가 계속 그들을 따라왔다. 예수는 아랑곳하지 않았지만, 마리아는 그 개가 께름칙했다. 마리아는 손을 휘저어 개를 멀리 쫓아 내려 했지만 그 개는 거리를 유지한 채 계속 그들을 따라왔다. 갑자 기 장소가 낯선 집으로 바뀌었다. 예수와 마리아는 그 집에 숨어 있었다. 그런데 한 여인이 문을 두드리고 집으로 난입했다. 여인은 다짜고짜 자신은 그리스 시로페니키아에서 예수를 찾아왔다고 말했다. 그리고는 자신의 딸이 악한 귀신에 들려 있으니 그 귀신을 쫓아 달라며 예수에게 매달렸다. 검은 여인의 복장이 조금 전까지 자신들을 따라왔던 검은 개를 닮았다고 마리아는 생각했다. 마리아는 예수를 바라보았다. 그러자 예수는 냉정하게 대답했다.

"내 자녀들이 먹을 떡을 집어서 개들에게 던져 줄 수는 없는 법입니다."[26]

그러자 시로페니키아 여인은 엎드려 예수의 다리를 움켜잡고 말했다.

"맞아요. 하지만 식탁 아래 있는 개들도 자녀들이 흘리는 부스러기는 얻어먹을 수 있잖아요. 그러니 부디 부스러기라도 던져 주세요."

예수는 놀란 표정으로 여인을 일으켜 세웠다.

"스승님, 고맙습니다. 따님은 벌써 나았습니다. 편하게 돌아가세요."

마리아는 예수의 언동이 이해가 되지 않았다. 개 취급을 하다가 갑자기 스승이라 말하다니 앞뒤가 맞지 않았다. 마리아는 떠나는 여인을 바라보았다. 여인은 온데간데없고 집 밖으로 나가는 검은 개의 꼬리가 보였다. 마리아는 깜짝 놀라 문을 열고 밖으로 나갔다. 바깥에는 갈릴리 바다 풍경이 펼쳐져 있었다.

예수가 바닷가에서 베드로와 안드레와 함께 물고기를 굽고 있었다. 마리아는 도무지 어떻게 된 영문인지 알 수 없었다. 혹시 지금 꿈을 꾸고 있는 건가? 예수는 마리아를 불러 앉히더니 잘 구워진 물고기 한 마리를 건넸다. 마리아는 갑작스레 시장기를 느끼고 물고기를 뜯기 시작했다. 예수와 베드로와 안드레는 흐뭇하게 그 모습을 지켜봤다. 예수가 마리아에게 말했다.

"천천히 들어요. 그러다 체하겠어요. 그런데 마리아, 마리아가 저를 따라다닐 때 처음으로 만났던 여인을 기억하나요? 아마 사마리아에 있는 수가 마을을 지날 때였던 것 같은데⋯⋯."

마리아는 입 속에 있는 고기를 꿀꺽 삼키고 말했다.

"그럼요. 우물가에서 물을 긷던 여인[27]을 기억해요. 예수님께서는 그 여인에게 다가가 물을 달라고 말씀하셨지요. 그냥 저에게 부탁해도 되었을 텐데. 괜히 긁어 부스럼을 만드는 일처럼 느껴지셨어요."

"지금도 그렇게 생각하세요?"

"그때는 유대인이 사마리아인과 말도 안 섞던 때였잖아요. 더군다나 남자가 이방 여인에게 말을 거는 행위는 있을 수 없는 일이었죠. 사실 저는 무척 놀랐답니다."

베드로가 마리아의 말을 거들었다.

"선생님이야 워낙 기이한 행동을 많이 하시는 분이라 우리가 그 속을 다 알 수는 없지만, 저희도 음식을 구하러 갔다 와서 그 장면을 보고 적잖이 당황했습니다."

예수는 껄껄 웃었다. 다들 예수를 따라 웃었다. 마리아가 말했다.

"지금 생각해 보면 당시에 저 역시 마음이 닫혀 있었던 것 같아요. 같은 여자임에도 출신 지역이 다르다는 이유로 사마리아 여자를 차별했으니까요. 사실 저 역시 남성들 사회에서 외면당하는 여자였는데, 그때는 제가 왜 그랬을까요? 여성이라 안 된다, 사마리아인이라 안 된다, 이방인이라 안 된다, 매국노라 안 된다, 불결한 사람이라 안 된다, 죄인이라 안 된다. 우리가 사는 세상은 온통 안 된다는 말투성이였는데, 예수님은 모두 다 된다로 바꾸셨잖아요. 참으로 엄청난 경험이었어요. 예수님은 제 눈을 가리고 있던 더께를 벗겨 주셨어요."

안드레가 말했다.

"하느님 나라에는 차별이 없다고 말씀하셨는데 그걸 행동으로 옮기기가 쉽지 않아요."

마리아가 웃으며 말을 이었다.

"그러고 보니 예수님의 옷을 만졌던 혈우병 걸린 여인[28]도 생각나네요. 그 여인은 예수님의 옷을 만지자마자 혈우병이 나았지요."

예수는 마리아에게 물었다.

"그때 제가 여인에게 했던 말을 기억하나요?"

마리아가 잠시 생각하다가 떠오른 듯 말했다.

"'여인이여, 그대의 믿음이 그대를 구원했습니다. 안심하고 가세

요. 병에서 벗어났으니 건강하게 지내세요.' 이렇게 말씀하시지 않았
나요?"

예수는 맞혔다는 듯 빙긋이 웃었다. 그리고 마리아의 손을 잡고
조용히 말했다.

"마리아여, 그대의 병도 나았어요. 그러니 안심하고 가세요. 그대
의 믿음이 그대를 구원할 거예요. 제가 사라지더라도 그대의 믿음을
간직하세요."

마리아가 환하게 웃었다. 그런데 맞잡은 예수의 손이 점점 힘을
잃어 갔다. 마리아는 예수를 바라보았다. 예수의 형상은 바닷가의 모
래알처럼 점점 흩어졌다. 마리아의 눈앞에서 예수는 스러져 갔다. 마
리아는 벌떡 일어나 소리쳤다.

"안 돼요. 예수님, 안 돼요!"

* * *

"마리아! 마리아!"

살로메가 마리아를 흔들어 깨웠다. 마리아는 화들짝 놀라 잠에서 깨
어났다.

"악몽을 꾼 모양이군요."

살로메는 의자에 앉은 채 땀을 흘리고 있는 마리아의 이마를 씻어

주었다. 함께 지내던 여인들이 주위에 둘러서서 마리아를 걱정스러운 듯 살펴보았다. 예수의 어머니도 어느새 잠에서 깨어 마른 손으로 마리아의 손을 잡았다. 잠에서 깬 마리아는 주변을 둘러보며 말했다.

"예수님은, 예수님은 어디에 계시지요?"

마리아의 말에 다들 아무 대꾸도 하지 않았다. 잠시 침묵이 흘렀다. 예수의 어머니가 마리아를 껴안으며 말했다.

"아들은 이제 우리 곁에 없어요. 하느님 곁으로 갔어요. 우리 모두가 알고 있어요. 물론 마리아도 알고 있고요."

마리아는 넋을 잃은 채 조용히 앉아 있었다. 너무도 생생했던 모습들이 모두 환영이었다. 꿈이었다. 물거품이었다. 모래알이었다. 마리아는 그 자리에 앉은 채로 자신도 환영이었으면, 꿈이었으면, 물거품이었으면, 모래알이었으면, 하고 바랐다. 예수님이 사라진 것처럼 자신도 이 자리에서 차라리 사라져 버리기를 바랐다. 하지만 그 바람은 이루어지지 않았다.

살로메가 마리아를 측은히 쳐다보며 말했다.

"마리아, 기운을 차려요. 마리아마저 정신을 놓으면, 여기 있는 우리는 어떻게 해요. 예수님의 사랑을 가장 많이 받았으니 힘들겠지만, 이제 마리아가 우리의 스승이에요. 우리도 꿈을 꾸었어요. 다들 예수님을 보았지요. 마리아가 깨기 전에 우리끼리 꿈 이야기를 하던 중이었어요. 꿈속에서 예수님이 말씀하셨어요. 걱정하지 말라고요. 마리아를 따르라고요. 마리아에게 모든 이야기를 해 주었다고요. 그러니 기운 내요. 우리는 당신을 따를 거예요."

마리아는 더욱 아득해졌다. 눈을 감았다. 방금 전에 꾸었던 꿈이 주마등처럼 흘러갔다. 그리고 그 속에서 예수의 말을 기억해 내었다.

"마리아여, 그대의 병도 나았어요. 그러니 안심하고 가세요. 그대의 믿음이 그대를 구원할 거예요. 제가 사라지더라도 그대의 믿음을 간직하세요."

마리아의 눈에서 눈물이 하염없이 흘렀다. 다들 마리아를 부둥켜안고 따라 울었다. 마리아는 여인들이 흘리는 눈물로 세례를 받았다. 여인들이 흘리는 눈물에서 향유 냄새가 났다. 마리아가 예수의 머리에 부었던 바로 그 향유 냄새가.

[22] 가룟 유다의 죽음은 《마태복음》 27장 3절~10절에 기록되어 있다. 《마가복음》에는 기록되어 있지 않다.

[23] 동전을 찾은 과부 이야기, 《누가복음》 15장 8절~10절.

[24] 삭개오 이야기, 《누가복음》 19장 1절~10절.

[25] 간음한 여인 이야기, 《요한복음》 8장 1절~11절.

[26] 시로페니키아 여인 이야기, 예수 당시의 유대인들은 자신들은 하느님의 선택을 받았고, 이방인들은 선택받지 못했다고 생각해 자녀와 개로 비유한 것이다. 《마가복음》 7장 24절~30절.

[27] 우물가에 있는 사마리아 여인과의 대화, 《요한복음》 4장 5절~27절.

[28] 혈우병 걸린 여인 이야기, 혈우병은 한번 피가 흐르기 시작하면 멎지 않는 불치병이었다. 그 여인은 평생 온갖 치료를 거듭했지만 낫지 않다가 예수의 옷을 만지고 병이 나았다. 《마가복음》 5장 25절~34절 참고.

D+2
일요일

빈 무덤에서
갈릴리로

"놀라지 마시오. 그대들은 십자가에 못 박히신 나사렛 사람

예수를 찾고 있지만,

그는 살아나셨소. 그는 여기에 계시지 않소.

보시오, 그를 안장했던 곳이오.

그러니 그대들은 가서, 그의 제자들과 베드로에게 말하기를

그는 그들보다 먼저 갈릴리로 가실 것이니, 그가 그들에게

말씀하신 대로, 그들은 거기에서 그를 볼 것이라고 하시오."

그들은 뛰쳐나와서, 무덤에서 도망하였다.

그들은 벌벌 떨며 넋을 잃었던 것이다.

그들은 무서워서, 아무에게도 아무 말도 못 하였다

《마가복음》 16장 6절~8절

안식일 다음 날 새벽, 요셉의 집에서 여인들이 분주히 움직였다.

예수가 죽은 지 사흘째 되는 날이었다. 막달라 마리아와 살로메는 향

유 가게로 가서 아직 열리지 않은 상점의 문을 두드려 향유를 샀다. 예수의 시신에 바르려는 것이었다. 그렇게라도 해야 스승을 잘 보내는 것이라 생각했다. 무덤에는 막달라 마리아와 야고보의 어머니 마리아, 그리고 살로메가 다녀오기로 했다. 예수의 어머니는 기력이 쇠해서 예수의 시신을 보면 다시 혼절할 우려가 있었기에 동행을 만류했다.

여인들은 예수의 무덤으로 향하면서도 걱정이 태산 같았다. 여인들의 힘으로는 그 거대한 돌문을 열 수 없을 것만 같았다. 무덤 바깥에는 로마 병사가 지키고 있었지만, 그들은 예수의 시신이 탈취되지 않을까 감시하려는 것이지, 장례 예식을 도우려고 있는 것이 아니었다. 그들이 고분고분 돌문을 열어 줄까?

아직 밝은 아침이 아니어서, 무덤으로 향하는 길이 어슴푸레했다. 길도 아직 포장이 안 돼서 거칠었다. 여인들은 조심조심 무덤으로 걸어갔다. 무덤 근처에 도달할 때쯤 해가 솟아 사방이 밝은 핏빛으로 변하였다. 무덤에 도착하자, 사방이 환하게 밝아 왔다. 살로메가 무덤을 바라보며 깜짝 놀라 말했다.

"누가 우리를 위해서 돌문을 무덤 어귀로 굴려 주었나 봐요. 무덤이 열려 있어요."

야고보의 어머니 마리아가 주위를 둘러보며 말했다.

"그런데 로마 병사들은 어디로 갔지요? 아무리 둘러봐도 보이지 않네요. 혹시 로마 병사가 예수님의 시신을 어떻게 한 것은 아니겠지요?"

무덤은 열려 있고 무덤을 지키던 로마 병사들은 보이지 않았다. 큰일이다. 일어나서는 안 될 일이었다. 여인들은 당황했다. 서둘러 무덤 안으로 들어갔다. 혹시 병사들이 안에서 예수의 시신을 훼손하고 있기라도 하면 어떻게 해야 할지 걱정이 앞섰다. 여인들이 무덤 안쪽으로 들어가자 거기에 웬 젊은 남자가 흰옷을 입고 앉아 있었다. 막달라 마리아가 놀라 그 젊은이에게 물었다.

"혹시 예수님의 시신은 어디에 있나요? 로마 병사들이 가져갔나요? 아니면 더 깊숙한 곳으로 모셨나요? 저희에게 알려 주세요. 저희는 예수님의 몸에 향유를 발라 드리려고 온 것뿐이에요. 이상한 짓은 하지 않을게요. 제발 알려 주세요."

흰옷의 젊은이는 조용히 손을 들어 여인들을 진정시키며 말했다.

"놀라지 마세요. 여러분이 예수님을 찾아오셨다는 것을 알고 있어요. 그분은 살아나셨어요. 그분은 여기에 계시지 않아요. 보세요. 여기가 바로 예수님을 안장했던 곳이에요."

젊은이는 앉았던 자리에서 일어나며 그곳을 가리켰다. 여인들은 그곳으로 다가가 주변을 살폈다. 막달라 마리아가 두려워하며 말했다.

"그러면 예수님은 어디로 가셨지요? 저희에게 알려 주세요. 비밀은 꼭 지킬게요."

젊은이가 손가락으로 무덤 밖 먼 곳을 가리키며 말했다.

"갈릴리로 가셨어요. 그곳에 가면 예수님을 볼 수 있을 거예요."

갈릴리로 갔다는 이야기는 말이 되지 않았다. 예루살렘에서 갈릴리는 너무도 먼 곳이었다. 다시 살아났다면 분명 여인들과 제자들을 먼저 찾으셨을 것이다. 혼자 그 먼 곳으로 가셨을 리가 없다. 막달라 마리아는 젊은이의 말을 믿을 수 없었다. 분명 무슨 일이 벌어진 것이다. 예수님이 없어졌다. 눈앞에서 사라져 버렸다.

여인들은 마치 귀신이라도 본 듯 무덤 밖으로 뛰쳐나왔다. 그들은 무덤에서 도망쳤다. 그곳에 있다가는 자신들도 쥐도 새도 모르게 사라질지 모른다. 자신들이 이해하지 못하는 음모가 주변을 감싸고 있는 것만 같았다. 사방에서 로마 병사들이 뛰쳐나와 그들을 체포할지도 모른다. 예수와 관련된 모든 사람을 체포하라는 명령이 떨어졌을지도 모른다. 대제사장 가야바라면, 로마 총독 빌라도라면 그러고도 남을 사람들이었다. 여인들은 벌벌 떨며 넋을 잃었다. 그들은 무서워서, 아무에게도 아무 말도 하지 않았다. [29]

[29] 예수의 삶과 죽음에 관하여 최초로 쓰여진 《마가복음》은 여기서 끝이 난다. 16장 8절이다. 9절부터 20절까지는 후대에 추가되었다. 추가된 내용은 예수가 막달라 마리아에게 나타난 부분, 예수가 두 제자에게 나타난 부분, 제자들이 선교의 사명을 받은 부분, 예수의 승천 부분이다.

막달라 마리아의 노래 2

베드로가 마리아에게 말했다.

"자매여, 주님께서 당신을 어느 여자보다도 사랑했던 것을

알고 있으니

그분께서 하신 말씀 중에 당신만 알고 우리가 모르는 게 있다면

기억나는 대로 말씀해 주세요."

마리아가 이에 답하였다.

"여러분이 듣지 못한 이야기를 이제부터 하겠습니다."

《마리아 복음서》10쪽 1행~9행

막달라 마리아에게 예수의 이야기를 들은 크리스타는 너무 놀라워 마리아에게 물었다.

"그러면 예수님은 흔적도 없이 사라지신 건가요? 아직도 그 시신을 발견하지 못한 거고요?"

마리아는 크리스타를 조용히 바라보며 대답했다.

"그랬어요. 지금껏 예수님의 몸은 찾을 수 없었어요."

크리스타는 더욱 궁금한 것이 많아졌다. 그래서 스승에게 다시 물었다.

"그래서 스승님은 어떻게 하셨어요?"

마리아는 차분히 그 후에 일어난 일을 크리스타에게 말했다.

"우리는 너무 무서워 요셉의 집으로 돌아올 수밖에 없었어요. 그리고 무덤에서 겪은 일들을 예수님의 어머니와 다른 분들에게 말씀드렸지요. 모두들 이 사실을 예수님의 다른 제자들에게 알려야 한다고 말했어요. 그들과 함께 대책을 세워야 한다고요. 그래서 나는 여기저기 수소문해서 다른 제자들이 숨어 있는 곳을 알아냈죠. 바로 예수님과 최후의 만찬을 나누었던 다락방이었어요."

"그곳으로 찾아가셨어요?"

"네, 찾아가면서 그분들이 먼저 체포되지 않았을까 너무 걱정했어요. 그들을 만났을 때 나는 몹시 기쁘고도 두려웠어요. 이전에 일어난 일을 그분들에게 어떻게 말씀드려야 할지 참으로 난감했지요. 하지만 용기를 내서 내가 보고 겪은 것을 빠짐없이 들려주었어요. 예수님이 십자가에 매달려 돌아가시던 순간, 돌아가시고 나서 다행히 무덤을 찾아 안치한 일, 안식일이 지나 찾아갔더니 무덤이 비어 있었던 일, 그리고 젊은이에게 들은 이야기, 예수님이 다시 살아나셔서 갈릴리로 돌아갔다는 이야기를 들려주었어요."

"다른 제자분들의 반응은 어땠어요?"

"모두들 믿지 않았어요. 예수님이 살아 계시다는 것과 갈릴리로 돌아가셨다는 것을요."

"그게 끝인가요?"

마리아는 조용히 고개를 끄덕였다.

"그때는 그게 끝이었어요. 하지만 그렇게 끝나지는 않았어요."

마리아는 그 후에 벌어진 일에 대하여 크리스타에게 차분히 이야기해 주었다. 마치 최후의 증인처럼.

*　　*　　*

예수의 제자들은 가야바나 빌라도가 체포령을 내릴지도 모른다는 두려움에 모두 예루살렘을 떠나 갈릴리로 돌아갔다. 목자를 잃은 양처럼 뿔뿔이 흩어졌다. 예수와 함께했던 하느님 나라 운동은 더 이상 세력을 모으지 못했다. 베드로와 안드레, 야고보와 요한은 갈릴리에서 다시 어부 생활을 시작했고, 삶의 의미를 잃은 제자들은 제각기 살 곳을 찾아 나섰다. 막달라 마리아는 예수님의 어머니를 모시고 자신의 집으로 돌아갔다. 하지만 그들은 헤어지면서 예수님이 돌아가신 기일에는 예루살렘의 다락방에 모여서 예수님을 기억하자고 약속했다. 다들 그 약속만은 꼭 지키겠다고 다짐했다.

그 후로 1년이 지나 그들은 예루살렘의 다락방에서 다시 모였다. 예수의 기일을 추념하는 자리에서 1년 동안 어떻게 지냈는지 서로 안부를 물었다. 그런데 그들은 다들 예수를 보았다고 증언하였다. 꿈인지 생시인지는 모르지만 그들은 각기 자신이 있는 곳에서 예수를 만난 것이다.

어떤 이는 엠마오로 가는 길에서 예수를 보았다고 말했고, 어떤 이는 갈릴리 바닷가에서 예수를 보았다고 말했으며, 어떤 이는 예수와 함께 식사를 했다고 말했다. 또 어떤 이는 예수의 몸을 직접 만져 보았다고 증언했다.

그랬을 것이다. 어찌 만나지 않을 수 있었겠는가. 예수와 함께 기쁨의 날을 살았던 이들이었다. 예수와 동고동락하며, 예수의 뜻을 따라 하느님 나라를 전파했던 이들이었다. 예수 없이는 단 하루도 의미가 없다고 생각했던 이들이었다. 그들에게 예수는 전부였고, 예수가 없는 날은 아무것도 아니었을 것이다. 밥을 먹을 때도, 일을 할 때에도, 일을 마치고 집에 돌아와 쉴 때에도, 잠을 잘 때에도 예수가 그리웠을 것이다. 가는 곳마다 예수의 모습이 보이고, 일을 할 때마다 예수가 떠올랐을 것이다. 그리고 예수가 평소에 했던 사소한 이야기들이 너무도 소중하게 떠올랐을 것이다. 그들은 그 말을 곱씹고 곱씹었을 것이다. 예수의 이야기와 삶이 그들에게 얼마나 깊이 새겨져 있었는지 새삼 느꼈을 것이다.

처음에는 추념을 위해 모인 자리였으나, 이제는 증언을 위한 자리가 되었을 것이다. 예수와 함께 울고 웃던 이야기들이 오가고, 예수가 다시 살아나 갈릴리로 돌아갔다는 이야기가 무엇을 의미했는지 그들은 갈릴리로 돌아가 일상을 살면서 생생하게 경험할 수 있었다. 예수는 그곳에 없었지만, 또한 항상 그곳에 있었다. 그들의 마음속에, 그들의 삶 속에 어느덧 예수는 들어와 그들과 함께했을 것이다. 그들은 어느새 예수처럼 생각하고 예수처럼 말하고, 예수처럼 행동했을 것이다.

그들은 슬픔에서 기쁨으로 건너갔다. 어둡고 차가웠던 분위기는 어느새 밝고 뜨거운 기운으로 넘쳐 났다. 그들은 예수의 부활을 확신했다. 예수가 말했던 "세상이 끝나는 날까지 항상 너희와 함께하겠다"[30]라는 약속을 굳게 믿게 되었다. 그 뜨거운 기운은 다락방을 태울 듯 타올랐다. 제자들은 더 이상 스승을 버리고 떠나는 나약한 사람들이 아니었다. 그들은 예수의 삶과 죽음을, 그리고 부활의 의미를 온전히 깨닫게 되었다. 예수의 영혼이 그들과 함께하고 있었다. 그들은 더 이상 두렵지 않았다. 모임을 마치며 그들은 예수의 하느님 나라 운동이 끝나지 않았음을, 자신들에 의해 계속될 수 있음을, 그것이 자신의 운명임을 확신하게 되었다. 그들은 헤어지며, 서로의 손을 굳게 잡으며, 서로를 축복하며, 죽을 때까지 세상 끝까지 예수의 제자임을 잊지 말자고 다짐하였다.

그 후, 세월이 흘러 막달라 마리아에게 동료들의 소식이 하나둘씩 전해졌다. 요한의 형인 야고보는 헤롯 아그립바 1세의 박해로 제자 가운데 최초로 순교하였다. 알패오의 아들 야고보는 유대인 폭동에 휘말려 순교하였다. 다대오와 시몬은 페르시아 지역으로 건너가 포교 활동을 하다가 톱으로 몸이 동강 나는 형벌을 받고 순교하였다. 의심이 많았던 도마는 인도에서 선교 활동을 하다가 힌두교도의 창에 순교하였다. 바돌로매는 에티오피아, 메소포타미아, 그리고 지금의 이란, 터키, 아르메니아 지역까지 선교 활동을 펼치다가 살가죽이 벗겨지는 참형을 당했다. 그의 형제 안드레는 소아시아, 그리스 등에서 전도하다가 X자형 십자가에 달려 순교하였다. 요한은 베드로와 함께 선교 활동을 펼쳤고, 후에 체포되어 파트모스섬에 유배되어 지내다가 에페수스에서 죽었다. 마지막으로 맏제자인 베드로는 로마에서 선교하다가 네로 황제의 박해로 순교하였다. 순교 당시 스승인 예수처럼 똑바로 십자가에 달릴 수 없다며 거꾸로 매달아 달라고 요청하여, 거꾸로 달린 채로 순교하였다.

* * *

마리아의 이야기를 들은 크리스타의 눈에서 뜨거운 눈물이 흘렀다. 마리아도 이야기를 하며 이따금 눈물을 훔쳤다. 슬퍼서가 아니었다. 기뻐서도 아니었다. 분노도 감동도 아니었다. 예수를 따라 살아가는 것은 슬픔 속에서 기쁨을 잃지 않는 것이며, 기쁨 속에 슬픔을 품고 있는 것임을 그들은 알았다. 한 생애를 온전히 살아 내기란, 자신의 나약한 점을 외면하는 것이 아니라 받아들이는 것이며, 자신의 강한 점을 자랑하는 것이 아니라 내려놓는 것이었다. 첫째가 되고자 하는 자는 꼴찌가 되어야 하며, 섬김을 받고자 하는 자는 섬겨야 한다는 예수의 말은 제자들의 삶의 지침이 되었다. 예수의 제자들은 영광의 자리가 아니라 죽음의 자리로 기꺼이 뚜벅뚜벅 걸어갔던 것이다.

마리아는 크리스타의 손을 잡고 창밖을 내다보았다.

"날씨가 참 좋군요."

"네, 스승님."

"바람이 부네요."

"네, 스승님."

"꽃이 피었을까요."

"그럼요, 아름답게 피었을 거예요."

"살기에도, 죽기에도 참 좋은 날이네요."

크리스타의 눈에 눈물이 고였다.

"네, 스승님. 참 좋은 날이에요."

[30] 《마태복음》 28장 20절.

부록

예수의 시대

예수의 생애를 연대기로 정리하기는 어렵다. 대략 기원전 4년 전후에 태어나, 기원후 30년에서 33년 사이에 죽은 것으로 추정된다. 예수는 기원후 1세기 초반에 활동한 종교 지도자이다. 예수라는 이름은 구약시대 유대인을 이집트에서 해방시킨 모세의 계승자 '여호수아'의 헬라식 이름이며, 그 뜻은 '하느님의 구원'이다. 당시에는 흔한 이름이었으므로, 그가 활동했던 갈릴리 지역 나사렛이나, 아버지인 요셉이나, 어머니인 마리아와 연관시켜 '나사렛 예수', '요셉의 아들 예수', '마리아의 아들 예수'라고 불렀다.

예수가 살았던 시대는 로마 제국에 의해 이스라엘 전체가 식민지로 전락한 시대다. 한국도 식민지를 경험해 봤으니 충분히 상상할 수 있겠지만, 식민지 시대에 지배 세력은 로마 제국과 그와 결탁한 정치, 종교 세력들이었다. 그리고 대부분의 이스라엘 민중들은 빈곤한 삶과 가혹한 노동, 과도한 세금으로 고통받고 있었다. 당시에 이스라엘 사람의 대부분은 농민이었고, 수확물의 50퍼센트 이상을 세금으로 바쳐야 했다. 세금을 내지 못하면 땅을 빼앗겨 결국 소작농이나 일용직 노동자, 부랑민으로 전락하였다. 특히 예수가 살았던 나사렛 지역에서는 지배 세력에 의한 수탈이 극에 달해서, 그에 대한 저항도 극심하였다. 이러한 상황에서 가난한 사람들의 고통을 수없이 보고 함께 경험한 예수는, 로마 세력과 그 하수인 노릇을 하는 정치 지도자, 종교 지도자, 그리고 그들의 정책에 비판적일 수밖에 없었다.

예수의 성장기

예수의 아버지 요셉이 목수였기에 예수는 자라면서 아버지를 따라 목수 일을 배웠을 것이다. 그러나 목수 일이 항상 있는 것이 아니므로 양치기나 날품팔이 등 생계에 필요한 일이라면 무엇이든지 했을 것이다. 아버지 요셉이 일찍 죽은 탓에, 맏아들인 예수는 가장으로서 어머니 마리아와 함께 집안을 책임져야 했다. 예수는 특별히 정기 교육을 받지는 못했지만, 회당에서 기본적인 종교 교육은 받았다. 로마에 대한 저항이 항상 일어나는 시기였으므로 지배 세력에 대한 비판 의식을 저절로 갖게 되었을 것이다.

하지만 예수는 위대한 영웅인 메시아(그리스어로는 그리스도)가 나타나 무력으로써 로마 세력을 쫓아내고 이스라엘에 독립을 가져다주리라고는 생각하지 않았다. 이스라엘의 무력은 당시 로마 제국의 무력에 비해 보잘것없는 것이었다. 무장봉기가 여러 차례 일어났지만, 항상 처참한 결과만을 낳았다. 수많은 사람들이 무참히 살육되고, 십자가에 달려 전시되고, 시신이 버려져 들짐승의 먹이가 되는 것을 목격하였다. 예수는 무장 혁명을 통한 독립이나 권력 쟁취로 이스라엘 민중의 삶이 바뀌지는 않는다고 생각했다.

예수의 성장기에 이스라엘의 저항 운동은 크게 세 가지의 형태를 띠었다. 첫째로 무장봉기를 통한 저항, 둘째로 지식인(바리새인) 중심의 율법 준수 운동, 그리고 셋째로 타락한 종교 세력과는 구분되는 독립적인 종교 집단(에세네파)의 형성 등이다. 그러나 이러한 저항 운동은 민중의 고달픈 삶을 해결하고, 그들에게 희망을 주는 운동이 될 수 없다고 예수는 생각했다.

예수의 활동기

30대가 되었을 때, 예수는 요단강에서 세례를 주면서 새로운 삶을 살자는 세례자 요한을 따르게 된다. 세례자 요한은 금욕적 삶을 살면서 이스라엘 민중에게 새로운 비전을 제시하였다. "하느님 나라가 가까이 왔으니, 지금까지의 삶의 태도를 바꾸어(회개하여) 하느님의 백성으로 살라."는 메시지였다. 민중을 억압하는 탐욕스러운 삶을 포기하고, 서로 나누고 살아가는 새로운 사람으로 살라는 세례자 요한의 운동은 많은 지지자를 모았다. 요한은 권력에 비타협적이었을 뿐만 아니라, 그들을 향해 거침없이 비판의 말을 쏟아 내었다. 세례자 요한의 운동이 확산되자, 이에 위협을 느낀 종교 지도자와 정치 권력자들은 그를 체포하여 불법적으로 처형하였다. 세례자 요한이 죽자 그의 지지자들은 뿔뿔이 흩어져 버렸다.

예수는 세례자 요한을 따랐으나, 그의 금욕적 방식에는 동의하지 않았다. 요한이 죽자, 예수는 본격적으로 제자를 모아 나사렛을 중심으로 자신의 운동을 펼쳐 나갔다. 예수의 운동을 '하느님 나라' 운동이라 한다.

하느님 나라 운동은 다음과 같은 특징이 있었다. 첫째, 철저히 민중 중심의 운동이었다. 예수는 민중의 삶을 이해하지 못하고 율법만을 강조하는 지식인들(특히 바리새인들)에 비판적이었다. "인간이 안식일을 위해서 있는 것이 아니라, 안식일이 인간을 위해서 있다"고 말하며 율법보다는 인간의 삶을 보살피는 것을 중요하게 여겼다. 그는 의도적으로 안식일에 병자를 고치고 선한 일을 계속하였다. 둘째, 치유와 나눔의 운동이었다. 민중들의 피폐한 삶은 많은 질병과 굶주림을 낳았다. 예수는 그 질병을 치유하고, 굶주림을 공동으로 해결하려 하였다. 예수는 '식탁 공동체'의 환대 문화를 확산시켰다. 부자에게 손을 벌리는 것이 아닌, 가난한 사람들끼리 서로 나누고 보살피는 운동을 전개하였다. 셋째, 현재적 삶을 통해 하느님의 나라를 구현하였다. '하느님 나라(천국)'는 사후나 미래에 경험하는 것이 아니라, 지금-여기의 삶에서 이루어 가는 것이었다. 예수는 전적으로 하느님의 사랑과 함께하는 삶을 이루려 하였다. 넷째, 차별하지 않는 사랑, 섬기는 사랑을 강조하였다. 예수의 사랑은 대상을 가리지 않았다. 당시 유대인들이 더럽다고 여기는 이방인과 서슴없이 교류했으며, 그들에게 적극적으로 다가가 하느님 나라를 전파하였다. "원수를 사랑하라."는 예수의 말에서 그 대상이 얼마나 넓은지 확인할 수 있다. 그리고 예수의 운동은 민중 위에 군림하고 그들을 지도하는 운동이 아니라, 민중을 섬기고 그들과 함께하려는 운동이었다.

이러한 예수의 하느님 나라 운동을 따르는 사람들은 지식인이 아니라 가난하고 소외되고 차별받는 민중들이었다. 그들은 로마의 지배, 종교 권력의 지배와는 다른 사랑과 섬김의 공동체를 통해 새로운 삶의 비전을 확장해 나갔다.

예수의 수난

예수의 하느님 나라 운동은 예루살렘을 중심으로 한 종교 권력자들, 로마 제국과 그와 결탁한 정치 권력자들에게 위협적인 것이었다. 예수를 추종하는 사람들은 권력을 향해 무기를 들지는 않았지만, 권력자들이 원하는 순종적인 삶을 거부하고 자신들의 독립적인 종교 공동체를 만들어 나갔다. 예수의 운동이 더 크게 확산되면 정치권력과 종교 권력의 권위는 크게 손상되고, 그들의 지도력을 따르지 않는 결과를 초래할 터였다. 권력자들의 눈에 예수의 하느님 나라 운동은 사라져야 할 운동이었다.

권력자들은 세례자 요한과 마찬가지로 예수를 제거하려 하였다. 그리고 예수와 그를 따르는 무리가 유월절 축제를 맞아 예루살렘에 왔을 때 기회를 잡았다. 그들은 예루살렘에 온 예수를 체포하고 재판을 열어 십자가형에 처했다. 예수가 본격적으로 활동하기 시작한 지 3~4년 되던 해였다. 예수는 30대 중반에 생애를 마감하였다.

예수 사후

예수가 죽자 그의 제자들은 뿔뿔이 흩어졌다. 예수의 운동은 끝난 것처럼 보였다. 그러나 뿔뿔이 흩어졌던 예수의 제자들은 예수의 부활을 고백하고, 예수가 진정한 메시아라고 주장하며 모여들기 시작했다. 예수의 제자들은 다시 예루살렘에 모여 가난한 민중들에게 예수의 가르침을 전파하기 시작했다. 예수의 하느님 나라 운동에 다시 불씨를 지폈다. 제자들의 운동은 점점 퍼져 나갔다. 이스라엘뿐만 아니라 지중해 전역에 뿔뿔이 흩어져 있던 유대인(디아스포라)에게도 이 소식이 전해졌다.

기원후 70년, 로마는 이스라엘의 무장봉기 저항 세력을 격퇴하고, 예루살렘 성전마저 무너뜨림으로써 이스라엘을 지도상에서 없애 버렸다. 이스라엘이 멸망한 것이다. 그러나 멸망한 후에도 예수의 운동은 사그라들지 않았다. 오히려 더욱 세력을 확장하며 많은 공동체(에클레시아)를 형성해 나갔다. 예수를 따르는 사람들은 온갖 고난과 시련 속에서도 예수 운동을 포기하지 않았다. 이 운동은 기독교를 형성했으며, 기원후 313년 로마 제국의 콘스탄틴 황제에 의해 공식 종교로 인정받았을 뿐 아니라 380년에는 로마 제국의 국교로 선포되었다. 이후 로마 제국 전역에서 기독교를 국교로 채택하면서 세계적인 종교로 성장하였다.

- **예수**　갈릴리 나사렛 출신의 목수. 세례 요한을 따르다가 세례 요한이 죽자, 독자적인 하느님 나라 운동을 전개한다. 32세의 젊은 나이에 로마에 반역한 죄로 십자가형을 당한다. 그가 죽고 사흘 만에 부활했다는 소문이 떠돌고, 이후 신의 아들로 추앙받아 신앙의 대상이 된다.

- **마리아**　예수의 어머니. 혼인하기 전에 예수를 잉태하였다. 남편인 요셉이 죽자, 장남인 예수와 함께 가정을 꾸려 갔다. 슬하에는 예수 외에 적어도 4남 2녀가 있다. 하지만 일설에는 마리아가 낳은 자식은 예수 한 명뿐이며, 나머지는 마리아의 자매들이 낳은 아이들이라는 설도 있다.

- **막달라 마리아**　갈릴리 막달라 출신의 여인. 부유한 집안에서 태어났으나 혼인을 하지 않고 예수의 제자가 되었다. 예수를 따르는 무리에는 열두 명의 대표적인 제자 외에도 수많은 여인이 있었는데, 막달라 마리아는 그중 예수의 사랑을 가장 많이 받은 제자이다. 예수 사후 갈릴리로 돌아가 활동하다가, 여인들의 무리를 이끌고 소아시아 에베소에 정착하여 선교한 것으로 알려져 있다.

- **나사로, 마르다, 마리아**　예루살렘 남동쪽에 위치한 베다니 출신의 오누이들. 베다니는 예루살렘과 여리고 사이에 위치하여, 나사로의 집은

예수의 예루살렘 선교의 거점이 된다. 이들은 예수를 신실하게 따르던 무리였다. 나사로가 죽었을 때, 예수는 그를 다시 회생시켰으며, 막내 마리아는 예수의 말씀 듣기를 좋아하는 총명한 여인이었고, 첫째인 마르다는 당대의 전형적인 여인이었다.

〈예수의 열두 제자들〉

• **베드로** 갈릴리 벳새다 출신의 어부로 요나의 아들이다. 결혼한 후 가버나움으로 이주해 어부 생활을 했다. 동생 안드레와 더불어 예수의 조기 제자가 된다. 본명은 시몬이었으나, 예수에 의해 베드로(바위)라 개칭되었다. 예수의 수제자로, 소설에서는 막달라 마리아와 갈등을 겪는다. 예수 사후 예루살렘 공동체의 수장 노릇을 한다.

• **안드레** 베드로의 동생이자 세례 요한의 제자로 알려졌다. 세례 요한 무리에서 예수가 독립해 활동할 때 형 베드로를 예수에게 인도한 것으로 전해진다. 예수 사후 소아시아 에베소를 중심으로 선교하였고, 선교 지역이 러시아 남부에 이르렀다.

• **야고보** 갈릴리 가버나움 출신으로 부친 세베대와 모친 살로메 사

이에서 태어난 장남이다. 베드로와 안드레처럼 갈릴리 바다에서 어부 생활을 하다가 동생 요한과 함께 예수의 초기 제자가 된다. 성격이 급하여 '우레의 자식'이라는 별명을 얻었다. 예수 사후 예루살렘에서 최초로 순교한 제자가 된다(기원후 44년).

- **요한** 형인 야고보와 더불어 예수의 초기 제자가 된다. 형처럼 성격이 거칠었으나 예수를 만난 후 '사랑하시는 자'라는 별명이 붙을 정도로 바뀌었다. 예수 사후 예루살렘에서 활동하다가, 이스라엘 멸망 후 에베소에 가서 전도했고, 박해를 받아 밧모섬에 귀양 가서 그곳에서 죽었다.《요한복음》과《요한 계시록》의 저자로도 알려져 있다.

- **빌립** 갈릴리 벳새다 출신으로 세례 요한의 제자였으나 후에 예수의 부름을 받고 그의 제자가 된다. 바돌로매(혹은 나다나엘)를 예수에게 인도하였다. 예수 사후 소아시아의 브루기아에 가서 전도하다가 순교하였다.

- **바돌로매** '돌로매의 아들'이란 뜻의 이름을 갖고 있으며, 빌립이 인도하여 예수의 제자가 된다. 예수 사후 소아시아, 인도 등에서 전도했으며, 아르메니아에 가서 전도하다가 순교하였다.

• **도마** 예수의 제자로 활동하다가, 예수 부활 후 그의 옆구리 창 자국에 손가락을 넣어 보고서야 부활을 믿었다는 일화를 갖고 있는 제자이다. 의심 많은 도마. 전설에 의하면 파르티아, 인도 등지에 가서 전도하다가 순교하였다. 외경《도마 복음서》의 저자로도 알려져 있다.

• **마태** 갈릴리 가버나움 출신으로 알패오의 아들이며 '레위'로 불렸다. '마태'라는 이름은 예수로부터 받은 새 이름으로 '하느님의 선물'이라는 뜻이다. 헤롯 안디바 밑에서 세리 노릇을 하였으나, 예수의 부름을 받고 그를 따랐다. 예수 사후 에티오피아에 가서 전도하다가 순교하였다.《마태복음》의 저자로 알려져 있다.

• **(작은) 야고보** 알패오의 아들이며, 예수의 또 다른 제자인 다대오(유다)의 형이다. 키가 작아 '작은 야고보'라고 불리기도 했다. 열심당 출신이었으나, 예수의 부름을 받고 그를 따랐다. '주님의 형제'라고 불려 예수와 사촌지간의 동생으로도 추정된다. 예수 사후 시리아에 가서 교회를 세우고, 그 후 예루살렘에 돌아와 전도하다가 순교하였다.《야고보서》의 저자로 알려져 있다.

• **다대오** 작은 야고보의 동생이며 '유다'라고도 불렸다. 형과 함께 열

심당원으로 활동하다가 형을 따라 예수의 제자가 된다. 예수 사후 시리아로, 아라비아로, 페르시아로 찾아다니면서 복음을 전했다. 그는 특별히 아르메니아에서 주된 활동을 벌였다. 바돌로매와 더불어 동역하면서 그 도시 에데사(Edessa)에서 놀라운 선교 활동을 펼쳤다. 페르시아에 가서 전도하다가 순교하였다. 《유다서》의 저자로 알려져 있다.

• **시몬** 가나안 출신으로 열심당원이었다. 후에 예수의 제자가 된다. 전설에 따르면 그는 소아시아에서 전도하고, 북아프리카, 이집트, 흑해 지역까지 가서 복음을 전하였다. 나아가 영국에 처음으로 복음을 전한 사람이 되었다. 시몬은 이집트에 가서 전도하고, 유대에 돌아와 전도하다가 순교하였다.

• **가룟 유다** 가룟 출신의 유다라는 설도 있고, 단검을 뜻하는 '시카리오스'에서 유래한 과격파 테러리스트라는 설도 있다. 예수 공동체에서 회계를 맡아 활동했다. 예수의 정치적 해방 활동을 기대했으나, 그에 미치지 못하자 예수를 예루살렘의 제사장에게 팔아넘겼다. 예수가 끝까지 자신의 기대에 미치지 못하자 자책감에 사로잡혀 자살을 선택한다. '배신자'의 대명사처럼 불린다.

〈그 밖의 인물들〉

• **헤롯 안디바**　헤롯 대왕의 아들. 예루살렘 성전을 다시 지은 헤롯 대왕이 죽자 갈릴리와 베레아 지역을 다스리게 된 분봉 영주이다. 성서에는 왕으로 되어 있으나, 사실은 왕이 아니었으며, 형이 죽자 잠시 유대 지역도 다스린 적이 있으나 끝내 왕위를 얻지 못하고 로마 황제 칼리굴라로부터 추방되었다(기원후 39년). 그러나 그의 통치하에서 세례 요한과 예수가 죽임을 당한다.

• **가야바**　예루살렘 성전을 총괄하는 대제사장. 성전 권력을 훼방하는 예수를 잡아 십자가형에 처해지도록 주도했던 사람으로, 유대교 지도자들의 의회인 산헤드린의 수장이기도 하다. 빌라도와 결탁하여 예수를 죽음으로 몰고 간다.

• **빌라도**　로마에서 이스라엘을 통치하기 위해 파견한 총독. 정치적 야욕이 많은 사람으로, 이스라엘에서 분쟁이 일어나는 것을 원치 않아, 예루살렘 종교 권력이 원하는 대로 예수에게 사형 선고를 내렸다.

예수의 말씀과 삶을 다루는 책을 '복음서'라고 한다. 기독교에서 공식적으로 인정한 복음서는 《마가복음》(기원후 70년경 저술), 《마태복음》과 《누가복음》(기원후 80년~90년경 저술), 《요한복음》(기원후 100년경 저술) 등 네 권이 있다.

그러나 이들 복음서 외에도 갈릴리를 중심으로 형성된 예수의 말씀만을 다룬 《Q 복음서》(기원후 40년~40년경 저술, 지금은 전해지지 않음)와 《도마 복음서》가 있다. 114개의 예수의 말씀으로만 이루어진 《도마 복음서》는 학계에서 제5복음서로 인정받고 있다.

공식적으로 인정받은 복음서를 정경(正經)이라 하고, 인정받지 못한 복음서를 외경(外經)이라 한다. 예수의 말씀이나 생애를 담은 외경 복음서 가운데 예수의 어린 시절을 담고 있는 복음서로는 《도마의 유년 복음서》와 《야고보의 유년 복음서》 등이 있다. 그리고 복음서의 일부만 전해지는 복음서에는 《유다 복음서》, 《베드로 복음서》, 《마리아 복음서》, 《빌립보 복음서》 등이 있다.

아래 목차는 정경 복음서에서 가장 먼저 쓰인 것으로 알려진 《마가복음》과 다른 복음서를 비교하는 표이다. 이 소설에서는 특히 예수의 수난을 다루고 있는데, 그 부분은 진한 테두리로 표시하였다.

* 일러두기 : 마(마태복음), 눅(누가복음), 요(요한복음)

□ 안에 있는 부분이 소설에서 다루어진 부분이다.

장:절	소제목	다른 복음서 비교	기타
1:1~8	세례자 요한의 선포	마 3:1~12; 눅 3:1~9; 15~17; 요 1:19~28	
9~11	예수께서 세례를 받으시다	마 3:13~17; 눅 3:21~22	
2~13	시험을 받으시다	마 4:1~11; 눅 4:1~13	
14~15	하느님의 나라를 선포하시다	마 4:12~17; 눅 4:14~15	
16~20	제자 넷을 부르시다	마 4:18~22; 눅 5:1~11	
21~28	악한 귀신이 들린 사람을 고치시다	눅 4:31~37	
29~34	많은 사람을 고치시다	마 8:14~17; 눅 4:38~41	
35~39	전도 여행을 떠나시다	눅 4:42~44	
40~45	나병 환자를 깨끗하게 하시다	마 8:1~4; 눅 5:12~16	
2:1~12	중풍병 환자를 고치시다	마 9:1~8; 눅 5:17~26	
13~17	레위를 부르시다	마 9:9~13; 눅 5:27~32	
18~22	금식 논쟁	마 9:14~17; 눅 5:33~39	
23~28	안식일에 밀 이삭을 자르다	마 12:1~8; 눅 6:1~5	
3:1~6	안식일에 손이 오그라든 사람을 고치시다	마 12:9~14; 눅 6:6~11	
7~12	많은 사람이 모여들다		
13~19	열두 제자를 뽑으시다	마 10:1~4; 눅 6:12~16	
20~30	예수와 바알세불	마 12:22~32; 눅 11:14~23; 12:10	
31~35	예수의 어머니와 형제자매들	마 12:46~50; 눅 8:19~21	
4:1~9	씨 뿌리는 사람 비유	마 13:1~9; 눅 8:4~8	

10~12	비유로 말씀하신 목적	마 13:10~17; 눅 8:9~10	
13~20	씨 뿌리는 사람 비유의 설명	마 13:18~23; 눅 8:11~15	
21~25	등불은 등경 위에		
26~29	스스로 자라는 씨 비유		
30~32	겨자씨 비유	마 13:31~32; 눅 13:18~19	
33~34	비유로 가르치시다	마 13:34~35	
35~41	풍랑을 잔잔하게 하시다	마 8:23~27; 눅 8:22~25	
5:1~20	귀신 들린 사람들을 고치시다	마 8:28~34; 눅 8:26~39	
21~43	야이로의 딸과 혈루증 걸린 여자	마 9:18~26; 눅 8:40~56	
6:1~6	예수께서 고향에서 배척을 당하시다	마 13:53~58; 눅 4:16~30	
7~13	열두 제자를 선교에 파송하시다	마 10:1; 5~15; 눅 9:1~6	
14~29	세례자 요한의 죽음	마 14:1~12; 눅 9:7~9	
30~44	오천 명을 먹이시다	마 14:13~21; 눅 9:10~17; 요 6:1~14	
45~52	예수께서 물 위로 걸으시다	마 14:22~33; 요 6:15~21	
53~56	게네사렛에서 병자들을 고치시다	마 14:34~36	
7:1~23	장로들의 전통	마 15:1~20	
24~30	시로페니키아 여자의 믿음	마 15:21~28	
31~37	귀먹고 말 더듬는 사람을 고치시다		
8:1~10	사천 명을 먹이시다	마 15:32~39	
11~13	표징을 거절하시다	마 16:1~4	
14~21	바리새파 사람들과 헤롯의 누룩	마 16:5~12	
22~26	벳새다의 눈먼 사람을 고치시다		
27~30	베드로가 예수를 그리스도로 고백하다	마 16:13~20; 눅 9:18~21	

31~9:1	수난과 부활을 처음으로 예고하시다	마 16:21~28; 눅 9:22~27	
9:2~13	영광스러운 모습으로 변모하시다	마 17:1~13; 눅 9:28~36	
14~29	귀신 들린 아이를 고치시다	마 17:14~20; 눅 9:37~43상반	
30~32	수난과 부활을 두 번째로 예고하시다	마 17:22~23; 눅 9:43하반~45	
33~37	누가 크냐	마 18:1~5; 눅 9:46~48	
38~41	우리를 반대하지 않는 사람은 우리를 지지하는 사람이다	눅 9:49~50	
42~50	죄의 유혹	마 18:6~9; 눅 17:1~2	
10:1~12	이혼을 비판하시다	마 19:1~12	
13~16	어린이들을 축복하시다	마 19:13~15; 눅 18:15~17	
17~31	부자 젊은이	마 19:16~30; 눅 18:18~30	
32~34	죽음과 부활을 세 번째로 예고하시다	마 20:17~19; 눅 18:31~34	
35~45	야고보와 요한의 요구	마 20:20~28	
46~52	눈먼 바디매오가 고침을 받다	마 20:29~34; 눅 18:35~43	
11:1~11	예루살렘에 입성하시다	마 21:1~11; 눅 19:28~40; 요 12:12~19	
12~14	무화과나무를 저주하시다	마 21:18~19	
15~19	성전을 깨끗하게 하시다	마 21:12~17; 눅 19:45~48; 요 2:13~22	
20~25	무화과나무가 마르다	마 21:20~22	
27~33	예수의 권한을 두고 논란하다	마 21:23~27; 눅 20:1~8	
12:1~12	포도원 소작인의 비유	마 21:33~46; 눅 20:9~19	
13~17	황제에게 바치는 세금	마 22:15~22; 눅 20:20~26	

18~27	부활 논쟁	마 22:23~33; 눅 20:27~40	
28~34	가장 큰 계명	마 22:34~40; 눅 10:25~28	
35~37	다윗의 자손과 그리스도	마 22:41~46; 눅 20:41~44	
38~40	율법학자들을 책망하시다	마 23:1~36; 눅 20:45~47	
41~44	과부의 헌금	눅 21:1~4	
13:1~2	성전이 무너질 것을 예언하시다	마 24:1~2; 눅 21:5~6	
3~13	재난의 징조	마 24:3~14; 눅 21:7~19	
14~23	가장 큰 재난	마 24:15~28; 눅 21:20~24	
24~27	인자가 오심	마 24:29~31; 눅 21:25~28	
28~31	무화과나무에서 배울 교훈	마 24:32~35; 눅 21:29~33	
32~37	그날과 그때	마 24:36~44	
14:1~2	예수를 죽일 음모	마 26:1~5; 눅 22:1~2; 요 11:45~53	
3~9	예수의 머리에 향유를 붓다	마 26:6~13; 요 12:1~8	
10~11	유다가 배반하다	마 26:14~16; 눅 22:3~6	
12~21	유월절 음식을 나누시다	마 26:17~25; 눅 22:7~14; 21~23; 요 13:21~30	
22~26	마지막 만찬	마 26:26~30; 눅 22:15~20; 고전 11:23~25	
27~31	베드로가 부인할 것을 예고하시다	마 26:31~35; 눅 22:31~34; 요 13:36~38	
32~42	겟세마네 동산에서 기도하시다	마 26:36~46; 눅 22:39~46	

43~52	예수께서 잡히시다	마 26:47~56; 눅 22:47~53; 요 18:2~12	
53~65	의회 앞에 서시다	마 26:57~68; 눅 22:54~55; 63~71; 요 18:13~14; 19~24	
66~72	베드로가 예수를 모른다고 하다	마 26:69~75; 눅 22:56~62; 요 18:15~18; 25~27	
15:1~5	빌라도에게 신문을 받으시다	마 27:1~2; 11~14; 눅 23:1~5; 요 18:28~38	
6~15	사형선고를 받으시다	마 27:15~26; 눅 23:13~25; 요 18:39~19:16	
16~20	병사들이 예수를 조롱하다	마 27:27~31; 요 19:2~3	
21~32	예수께서 십자가에 못 박히시다	마 27:32~44; 눅 23:26~43; 요 19:17~27	
33~41	예수께서 숨을 거두시다	마 27:45~56; 눅 23:44~49; 요 19:28~30	
42~47	예수께서 무덤에 묻히시다	마 27:57~61; 눅 23:50~56; 요 19:38~42	
16:1~8	예수께서 부활하시다	마 28:1~8; 눅 24:1~12; 요 20:1~10	본래 《마가복음》 은 여기서 끝난다.
9~11	예수께서 막달라 마리아에게 나타나시다	마 28:9~10; 요 20:11~18	
12~13	예수께서 두 제자에게 나타나시다	눅 24:13~35	
14~18	제자들이 선교의 사명을 받다	마 28:16~20; 눅 24:36~49; 요 20:19~23; 행 1:6~8	
19~20	예수의 승천	눅 24:50~53; 행 1:9~11	

1. 예수의 제자 중에서 유일한 여자 제자의 이름은?(프롤로그 참조)

2. 이스라엘의 명절인 유월절은 무엇을 기념하기 위하여 만들어졌는가?

(D-5 참조)

3. 예수가 예루살렘 성전에서 팔고 사는 물건을 뒤집어엎으며 예루살렘 성전을

무엇이라 비판했는가? (D-4 참조)

4. 예수를 배신한 제자의 이름은? (D-2 참조)

5. 예수가 최후의 만찬 때 제자들과 나눈 음식은? (D-1 참조)

6. 예수가 체포되었을 때 예수를 모른다고 세 번이나 부인한 제자의 이름은?

(D-1 참조)

7. 예수를 재판한 대제사장과 로마 총독의 이름은? (D−Day 참조)

8. 예수의 시신을 수습한 성전 의회 의원의 이름은? (D−Day 참조)

9. 예수의 빈 무덤을 지키던 흰옷의 젊은이가 예수가 부활한 후 갔다고 말한

지역은? (D+2 참조)

1. 이 소설에서는 막달라 마리아를 제자로 썼지만, 공식적으로 인정된
   성서에서는 막달라 마리아를 제자로 인정하지 않고 있다. 이러한 차이에
   대해서 어떻게 생각하는지 서로 이야기를 나눠 보자.

2. 이스라엘 사람들은 이집트에서 해방된 유월절을 가장 큰 행사로 기념하고
   있다. 우리나라에서 기념해야 할 가장 큰 기념절은 무엇이라고 생각하는가?
   그 이유는?

3. 로마의 식민지 시대에 살고 있었던 예수는 무력을 사용해 이스라엘 해방을

모색하는 것에 반대했다. 이에 대해서 어떻게 생각하는가?

4. 소설을 읽으면서 예수가 보여 주었던 모습 중 가장 인상적인 장면은

무엇인가? 왜 그 장면이 가장 인상적인가?

5. 소설 속 예수의 모습과 오늘날 기독교인들이 말하는 예수의 모습은 같은가,

다른가? 그 이유는?

6. 오늘날 예수가 살아 돌아온다면, 어떠한 삶을 살았을 것 같은가? 그렇게
생각하는 이유는?

7. 현재 여러분을 가장 고통스럽게 하는 문제는 무엇인가? 예수라면 그 문제에
대해 어떻게 말하고 행동했을 것 같은가?

예수의 노래

김경윤 작사
박주연 작곡

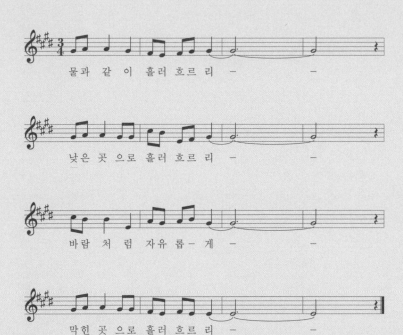

물과 같이 흘러흐르리 — —

낮은 곳으로 흘러흐르리 — —

바람처럼 자유롭-게 — —

막힌 곳으로 흘러흐르리 — —